Lothar Heinicke

ernsthaft-heiter

dem lachenden- und dem weinenden Auge

Herstellung und Verlag:
BoD – Books on Demand, Norderstedt
ISBN: 978-3-7357-7978-6

Widmung

*Dem lachenden- und dem weinenden Auge in uns gewidmet,
dass ihr vereinender Blick an Tiefe gewinnen möge.*

Prolog

Der Ernst und das Heitere
werden in einem Zwillingswagen ausgefahren –
wir müssen uns davor verneigen,
wenn wir einen Blick hineinwerfen wollen.

ermunternd

Ein Spätchen ging neu eingekleidet
auf einer Straße, die ihm zubereitet –
damit man seiner sich entsann,
fing es auch noch zu singen an,
es warf sich stolz in seine Brust
im Federkleide seiner Sangeslust,
der Schnabel stand weit aufgerissen
in diesem frohen Singenmüssen,
und seinesgleichen, das ihm zugehört,
ward ganz von dem Gesang betört –
Nur eine Nachtigall, die recht verschlafen schaute,
sich nicht so sehr am Lied erbaute,
natürlich war sie tolerant,
wie man es einem Meister zugestand,
war dieses Lied auch recht bescheiden,
man mochte doch den Sänger leiden,
der seinem Trotzdem hier ein Lied geweiht
und sich als Sangesbruder eingereiht
in diese frohe Sängerschar,
wo man sich selbst ein König war.

Werk-Kunst

Herr Biedermeier stand vor seinem Herde,
der küchenwärts sich sehr verehrte,
man hat sich in gewissen Schranken
an seinem Platze selbst zu danken –
wohlwollend briet Herr Biedermeier
in einer Pfanne seine Hühnereier,
auch andre Dinge hat er sehr gemocht,
doch diese heute nicht gekocht –
er saß nun, weil schon länger da,
am Tisch und war den Eiern nah,
die er auf einem Teller ausgebreitet,
gebraten und sich zubereitet,
und rings um Eiweiß und um Dotter
floss ausgelassen etwas Botter,
damit man, rein vom Namen her,
als Spiegel-Ei vollkommen wär –
Herr Biedermeier sah nun immer wieder
auf diesen Teller, brav und bieder,
und da er künstlerisch sich lang schon nah,
er dieses Bild mit Freuden sah –
wie hält sich doch die Einfachheit
auf einem Teller und als Bild bereit,
sodass Herr Biedermeier nun beschloss,
dass ihn das Essen sehr verdross,
liebäugelt man auch sehr vom Magen her
mit solchen Dingen als Verkehr,
hier heißt es künstlerisch und zubereitet,
dass man enthaltsam sich erleidet –
er nahm denn dieses Leib-Gericht,
gewachsen an sich selber im Verzicht,
und trug, sich eigens zum Gefallen,
dies Kunstwerk in der Künste Hallen –
hier sieht man es als abgestilltes Leben
sich künstlerisch in manche Blicke heben,
und fachlich, wenn damit vertraut,
hat manches Auge sich daran erbaut –

der Schöpfer stand mit Schöpferkraft
sehr angetan in dieser Nachbarschaft,
und wohlgewollt hat man ihm zugenickt,
weil man dies Teil von ihm erblickt –
bald ward nun von des Künstlers Seite,
damit man sich dazubereite,
ein Antrag auf Papier gestellt
zum Beitritt in die Künstlerwelt –
meist will man, wenn im Kunstverein,
als Mitgliedszahl nicht gern alleine sein,
aus diesem Grunde ward sehr lang beraten
und dieser Mann dann vorgeladen –
durch seine Eier nun schon kunstbenannt,
ward unser Herr vereinsverwandt
und als die Nummer Dreizehnhundertzehn
mit einer Mitgliedschaft versehn –
weltweit ward von ihm ausgestellt,
was sich als Kunst nun noch dazugesellt,
und manches Kennerauge war entzückt von dem,
das diesem Mann geglückt –
und später dann, ein Millionär,
gab viel von seinem Gelde her,
und macht' mit diesem Unikat
auf Partys seitdem großen Staat –
Das eben nenn ich großes Leben:
Mit seinen Eiern sich in solche Kreise heben,
manch Schöpfergeist ist weit gereist,
bevor man ihn dort eingekreist,
doch wahre Kunst bringt als Vollendung
sich solcherweise zur Verwendung,
wohl dem, der dort als Ei geschöpft und gegenwärtig sei,
oft spiegelt sich, verständlich und als Konterfei,
der Kunstverstand in einem Spiegelei –
Nur einer, der als solcher sehr vermessen,
hat aus Versehn es aufgegessen,
und dieses dann auf *seine* Art als Kunstwerk innen aufbewahrt.

Fliegentraum

In einem Kelch saß einstmals eine Fliege,
ein kleines Fliegenmädchen,
und herbestellt aus einem Fliegenstädtchen –
das Glas, obwohl längst leergetrunken,
bewahrte einen Rest, am Boden hingesunken,
und wie es einer Fliege oft ergeht,
ward sie von diesem angefleht –
und unser Fliegenmädchen,
im Uhrwerk klein ein Fliegenrädchen,
nahm allen Mut zusammen
und kroch zu dieser weingetränkten Ammen –
der Glasesboden, rotbefleckt,
von einem Weinrest zugedeckt –
und dieser Duftrest aus dem ausgetrunknen Glase
floh unserm Fliegenmädchen in die Fliegennase,
und seufzend ward davon gesprochen,
dass liebend gerne man daran gerochen,
natürlich unerhört und weiter drinnen,
den Ohren fern und ihren Sinnen –
und unsre kleine Fliegenmaid,
die angetan mit ihrem schönsten Kleid,
trat näher an den Rest heran,
was man beobachtbar auch sehen kann,
und tat ihr Zünglein in das Rot der Lauge,
zu prüfen, ob es noch zum Naschen tauge –
es rann der rote Rebensaft
als letzter Gruß von seiner Weineskraft
auf dieser Zungenstraße
ins Fliegenleben aus des Weines Glase,
und als des Weines Endprodukt
es durch der Fliege Seele zuckt –
und blitzestrunken als des Weines Geistesfunken
erfasst es unser Fliegenmädchen,
das grad herangenaht aus seinem Fliegenstädtchen,
und wie es meist beim Weine geht,
ward ihr dabei der Kopf verdreht,

des Beines Schritt geriet ins Wanken,
auch die Moral verlor die letzten Fliegenschranken,
und etwas schräg sank sie in diesen letzten Rest vom Weine,
der Taumelkelch verschied im Abendscheine,
dann löschte eine letzte Pflicht
im Kelch das kleine Fliegenlicht,
und dunkelnd ward nun eingehüllt,
was kurz vorher ein Herz erfüllt.

---

kurmästlich

Ein Herr ward abgelagert,
dieweil beträchtlich abgemagert –
so lag er denn seit längrer Zeit
kurmästlich für sich selbst bereit,
natürlich war's ihm lieber,
man sprach nicht drüber,
damit er an der Leidensstätte
sich selbst zu danken hätte –
mit Absicht hat sich die Erklärung
als Eignungsprüfung zur Bewährung –
so wird man denn als Eigenart
nur für sich selber aufbewahrt
und hält sich zur gegebnen Zeit
als Kurversuch für sich bereit,
so dargelegt und selbst gepflegt –
Ein Engel, der grad mal vorüberflog,
versah den Herrn mit einem Futtertrog,
trogträglich wird ein Engel pfleglich,
und unser Herr, schon lange weggekauert,
nicht mehr der Lage Ernst bedauert,
er nimmt das holde Flügelwesen,
von dem er einstmals schon gelesen,
und spricht ein ernstes Wort darüber,
ob es ein Dieses oder Jenes sei,
mit dem man sich aus dieser Haft befrei,

so eingehaftet abgekraftet –
gut nachbarlich ist die Beziehung,
wenn engelhaft dabei noch die Bemühung –
Herr Mager, der seit längrer Zeit am eignen Lager,
ward nun als Meinung sehr begehrlich,
weil ritterlich und durchaus ehrlich,
der Zustand, der ihm zugedacht,
ward wörtlich und des öft'ren dargebracht,
so rein und aus Gefälligkeit
und aus der Not der reifen Zeit,
so reiflich zeitlich – so zeitlich reiflich –
der Kurgast ward mit dieser Gastlichkeit
ein Reifezeugnis seiner eignen Zeit
und ausgestellt, zum großen Glück,
von einer Schau als bestes Stück –
So moderiert wird man als Stück dem Ganzen vorgeführt,
man sieht, man kennt sich zur Genüge,
geht man aufs Ganze auf dem Weg zum Siege.

Herr Tugendsam

Herr Neuerlich war von Natur aus treu,
damit er sich und seine Welt erfreu,
denn prüfend scheint es wohlgetan,
was man gekonnt betreibt und mehr nach Plan –
als Stützpunkt und ganz allgemein
war man in dieser Art nicht mehr allein,
denn solchermaßen ist man gut versorgt
und zweifelsfrei in diese Welt geborgt –
so ward Herr Neuerlich denn auch bekannt
und achtungsweisend im Gespräch genannt,
vor allem in der Männerwelt, die marktlich dazu aufgestellt –
da man den Dingen wohlgewogen,
hat man vor diesem Mann den Hut gezogen,
und wenn sein Schritt sich marktverbreitet,
was ohnehin man oft bestreitet,

tat man in Ehrfurcht und mit Blicken
dies Tugendwunder neu beglücken –
wie schon erwähnt, war seine äußere Erscheinung,
weil außen dran und auch als Meinung,
doch recht erwähnenswert,
vor allem, wenn im Licht bewährt –
Nun aber stand am Rande da ein Grüppchen
von aufgeputzten jungen Püppchen,
dem man als ein besondres Naturell,
und noch dazu als Junggesell,
nicht ganz geheuerlich, so abenteuerlich –
mit Gestik, Mimik ward hier sehr geflüstert
und enger noch der Damenkreis verschwistert,
welch Ironie betrat da manches Mündchen,
so marktbetagt und auf ein Stündchen –
Ein Markt, der sich betretbar macht,
wird oft mit solcherlei bedacht,
auch sieht er öfter mit Erröten,
was da in dieser Art vonnöten –
Als nun Herr Neuerlich, recht abenteuerlich,
marktbreitlich kommt einhergeschritten,
war zu befürchten, dass sein Anstand und die guten Sitten
zu seinem und der andren Schaden
doch hierbei in Gefahr geraten,
denn mancher wird sehr oft belehrt,
wenn von der Damenwelt mehrfach verehrt –
Herr Neuerlich trat nicht mehr lange in Erscheinung
mit der von ihm verfassten Meinung,
bald fiel er bei den aufgestellten Damen
rein bildlich aus dem Tugendrahmen –
Man sieht, auf Märkten ist mit solchen Sachen
und überhaupt kein Staat zu machen,
man halte sich mit seinem Glück inkognito diskret zurück,
man bleibt nicht lange mehr ein Tugendheld,
wenn das der Nachbarin nicht sehr gefällt.

Teufelsbraut

Ein Igel, wie sowohl auch seine Frau,
die tranken heute Himmelblau,
so himmeltrunken, blau gewunken –
die Nasen waren duftgeschwängert
und himmelwärts emporverlängert,
wie es wohl kommt, dass solches einen Igel frommt? –
ein Teufel sah die Igeleien
sich blau vergnügt am Himmel freuen,
der Teufel, weil er sowieso verspätet,
hat bald dem Igelpaar das Wort geredet,
geschickt, wie man als Teufel zwackt,
hat er die Rede später angepackt –
zuvor als junger Held ritt er dem Paar entgegen,
von Stolz geschwellt, wie es die Helden pflegen,
der Eindruck fiel recht günstig aus:
die Igelfrau bemühte den Applaus,
denn meist zu Pferde bereist ein Ritter diese Erde –
kommt erst derselbe angetrabt,
sich Weiblichkeit am Anblick labt,
und wie die Brust metallverbreitert,
belebt die Frau sich blickerheitert,
und weil man drin sich spiegeln kann,
vergisst man schnell den Igelmann –
der nun vergaß bei solchen Spiegelbräuten
die blauen Igelschnupperfreuden,
die Ehe ward etwas zerrüttet,
weil farblich glänzend zugeschüttet –
es trat der Teufel nun, soweit das möglich war,
geübten Schrittes vor das Igelpaar,
des Mundes Winkel leicht emporgezogen,
am Hut die Feder kühn verbogen,
sprach er der Igelfrau von Reverenzen,
um seinen Anblick redend zu ergänzen –
ein Igelherz, noch winterlich vom Schlaf getrübt,
ist schnell in solche Schau verliebt,
der Teufel mit beblechter Brust

hat dieses schon vorher gewusst –
war auch des Igels liebe Frau
ein wenig noch vom Himmel blau,
ein Teufel wird schnell ausgesöhnt,
so teuflisch von Erfolg verwöhnt,
man bot der Igelfrau das Händchen
und bracht ihr blickverwandt ein Ständchen,
jetzt klang ein Lied zur Klampfe,
die Igelfrau erlag dem Kampfe –
dem Igelmann das Herze brach,
so sah er nun dem Paare nach,
und um das Ganze zu vergessen,
hat er dann einen Wurm gefressen,
der Magen, wenn er recht gefüllt,
so manchen Kummer stillt,
das wahre Glück man erst erfährt,
wenn man sich erdlich redlich nährt.

Kuchenglück

Wie köstlich ist uns die Rosine
auf einer gut gebacknen Kuchenbühne,
wie glanzvoll ist doch diese Rolle,
die man dabei dort spielen solle,
wie herrlich ist man eingerahmt,
im Backfleiß schon vorhergeahnt –
damit man sich daran belehre,
erwirbt man so die Kuchenehre,
man ist damit sehr gut beraten,
vollendet man die Backzutaten,
denn Zutun zeigt sich so als schick
durch das geübte Partnerglück,
und wie man doch das Auge schwängert,
wenn man durch sich den Blick verlängert –
inmitten aufgestellter Kaffeetassen
lässt sich das ganze Glück erfassen:

hier ist man wer, hier darf man sein,
ist unter Gleichen nicht mit sich allein,
in einen Kuchen eingedichtet,
sieht man die Augen auf sich selbst gerichtet,
und was schon jede Zunge ahnt,
ist in uns vorher angemahnt –
damit man etwas von uns sehen kann,
hat man umrandet noch ein Außen dran,
so ist man treulich ausgeschildet
als das, was man sich eingebildet,
man steht auf einem Tisch in bessern Kreisen,
um sich als Bild dort zu beweisen,
und wie das Urteil fähig spricht,
erweist man sich als Leibgericht –
der Leib beweist an sich sehr ehrlich,
was ihm von dieser Welt begehrlich,
und jedes Gramm trägt dazu bei,
dass ihm das Pfund gebührlich sei –
auf jeden Fall wird dadurch fällig,
dass man an einem Tisch gesellig,
letztendlich trägt wohl auch die Kaffeerunde
im Herzen eine Götterstunde,
was sich denn auch am Wort beweist,
das diesen Kuchen eingekreist –
fachmännisch wählt die Urteilskraft
ein Stück von dieser Liegenschaft,
die nun bekanntlich diesen Weg beschreitet,
der ihr vom Grund her aufbereitet –
so darf denn das Rosinenklein
rein vom Geschmack her etwas Großes sein,
so wird man wörtlich in den Mund genommen,
ist man auf den Geschmack gekommen,
und legt so seinen Weg zurück
im frisch gebacknen Kuchenglück
zuförderst dieser allgemeinen Meinung:
dass man gelungen als Erscheinung.

Die letzte Frage
(Notizen zu einem Vers des Geheimen Rates)

„Ich hab´ mei´ Sach´ auf nichts gestellt" –
Wie int'ressant, ist man mit einem Nichts verwandt,
welch Standpunkt kündigt sich da an,
der sich aus einem Nichts gewann? –
Gott helfe mir, es ist da einer, der schon nicht mehr hier,
wo ist er jetzt, wo fiel er hin,
welch´ Stützpunkt zeitigt ihm der Sinn? –
Wie groß ist doch gewagt, was man so leicht dahin gesagt –
Jedoch, geflügelt oft, ein Wort, trägt einen Engel fort,
der hat sei´ Sach´ auf einen Wind gelegt,
wenn er sich flügelreich gepflegt –
man sieht, ein Hauch trägt eine Sache auch,
nur eben dieses Nichts, als Rätselwort,
scheint mir ein recht be-denklich Ort –
der Ausspruch spricht es aus:
Solch Gast bringt uns Gefahr ins Haus,
hier liegt, definitiv, ein Urgrund schief,
die Sache, rein auf nichts gestellt? –
welch eine Wunderwelt,
so rein kann keine Sache sein –
des Pudels Kern als Nichts steht einem Pudel fern –
sollt´ dieses Nichts dem Punkte Mittel sein?
wer ist's, der stimmt in diesen Jubel ein? –
das Nichts, als letzte aller Fragen,
was hätt´ es dazu auszusagen? –
wie eingeengt man doch solch Nichts bedrängt –
wie das wohl wär, pflegt man mit einem Nichts Verkehr? –
verkehrt verkehrt, wer sich mit einem Nichts belehrt,
das Denken wird gekränkt,
wenn es sich an ein Nichts verschenkt –
rein Gar-Nichts als ein Gegensatz zur Welt polartig vorgestellt? –
Pfui Teufel – hier schon regt sich mir der Zweifel,
nicht mal der Teufel stellt sich etwas vor,
wenn er sich an ein Nichts verlor –
so eben lehrt das Nichts den Mann:

Ein Nichts ist etwas, das es gar nicht geben kann,
es widerspräche schon als Wortgewalt
sich selbst und seines Sinn's Gehalt.

---

mal ehrlich

Man ist stets der, den man an sich erfährt,
getreu dem Slogan, den man an sich nährt,
und weil es sich mal so gehört,
man gerne auf sich selber schwört –
wer hält sich schon für ungeschickt,
wenn er sich an sich selber glückt,
wer meint nicht, dass er mit Bedacht
sich in der Welt erzählt gemacht,
dass man beglaubigt und getreu
derjenige, weil welcher sei? –
Um alles denn in dieser Welt
ist man stets der, der sich gefällt –
getreu der allgemeinen Meinung
liebt man sich selber als Erscheinung –
so groß und hohl es klingen mag,
man bringt sich gerne an den Tag,
es riecht sehr oft nach Selbstbetrug,
hat man nicht an sich selbst genug –
tut man auch recht bescheiden,
man kann sich nicht vermeiden,
die Glocke, die sich klanglich übt,
ist stets auch in den Ton verliebt,
das eben zeigt das Maß der Welt,
dass man sich selber dargestellt.

Nach höheren Gesetzen

Damit man sich erklärlich findet,
man sich mit Worten schindet,
man schätzt und wägt, zerlegt und sägt,
um sich letztendlich zu beweisen,
dass man zerteilt auf Reisen –
was denkt, wird richtungstoll nach mancherlei gelenkt,
der Kutscher kennt sein Hü und Hott
aus Anerkennung und aus Spott –
obwohl versammelt unter einem Hut,
weiß nie das eine, was das andre tut,
und was man als Gedanken grad besessen,
lässt uns das andre schnell vergessen –
so dreht der Hund sich um den Schwanz bei diesem Eiertanz,
und meint, dass er von vorne kann,
was bei ihm weiter hinter dran –
der Schwanz entzieht sich seiner Kenntnis
jedoch durch diese kreisende Verwendnis,
hier zeigt sich schon ein Punkt, mit dem man sich nicht eint,
weil er sich stets mit Abstand meint –
so läuft man seinem Ende hinterher,
damit man sich der Welt erklär´,
und dann mit Wehmut endet dieser Tanz
mit einem Biss in unsern eignen Schwanz –
wohl dem, der das erreicht,
weil er sich mit sich selbst vergleicht –
doch siehe da, wie dumm, es hat die Welt ein Außen drum,
und dieses will nicht so, wie wir es wollen,
wenn wir es haben kennen sollen –
man sieht, der Schwanz löst nicht auf Knall und Fall
das Rätsel mit der Drehung Drall,
die Mühsal ist umsonst verschwendet,
wenn man am Ende nur am Schwanze endet –
der Hund, der sich gedanklich so verwandt,
sitzt nun, als Denken anerkannt,
versunken in des Sitzes Pose,
und feiert sich als Ankunft in dem eignen Schoße

und lernt, nach höheren Gesetzen,
die Stille und das Schweigen schätzen –
und plötzlich bringt ihm diese Aufbewahrung
am Ende doch noch die Erfahrung,
dass das, was man als Welt versteht,
sich um sich selbst von ganz alleine dreht.

---

entrüstet

Ein Ritter, noch nicht alt, zog einst durch einen Wald,
man sah's dem Ritter an, dass er sich solches leisten kann,
denn gut gerüstet, hat er den Wald sich überlistet –
in den Analen war dann nachzulesen,
dass kürzlich er mal da gewesen –
nur eine Lanze, die ihm lang und spitz gehörte,
ihn dabei doch beträchtlich störte,
die Möglichkeit zu einer Wende gebrach ihm just am Ende,
er war dazu verpflichtet, dass er nach vorne ausgerichtet –
so ritt er mit Bravour gradwegs auf seiner Ritterspur,
obwohl nicht jeder, der so fortgeritten,
auch leicht befußt das Ziel erstritten,
es scheint manch Leidensweg getrübt,
wenn man mit einer Lanze übt –
doch äußerlich zeigt man dem Blick, dass eine Lanze schick,
denn vollends in Statur ist man mit einer Lanze nur,
und auch das Konterfei erzählt, dass man ein rechter Krieger sei –
man ist prädestiniert durch eine Lanze, wenn sie uns gebührt,
der Sicherheitsaspekt ist einzig nur in diesem Stab versteckt,
manch Auge ist gerührt, wenn man solch einen Stecken führt,
der Rittersmann der Welt gefällt, wenn er sich eine Lanze hält,
weil diese gern beachtet, was sie an ihm betrachtet,
stilistisch rein hat stets ein Rittersmann zu sein –
wie glänzte die Erscheinung, als alle mit ihm einer Meinung,
und manch geflüstert' Ach sich an der Rüstung brach –
man sieht, wenn man gut angezogen,
ist einem manches Herz gewogen,

doch oft, wenn man ein Kleiderstar, das Ganze etwas lästig war,
es fehlt uns so im Liebesstreit ein wenig die Beweglichkeit,
denn wenn es um die Liebe geht, man sich so manches eingesteht,
und mancher, der sich so gepflegt, hat vorher alles abgelegt,
was ihn als Außenhaut einst so stabil gebaut –
wenn uns die Liebe überlistet, wird man bald umgerüstet,
Metall und Lanze werden nun vergessen,
wenn uns ein Inneres besessen,
man heftet sich als Rittersmann am Ende ein paar Flügel an
und bricht sich eine Lanze mit seiner Braut beim Tanze –
man sieht, das ganze Kriegsgeschrei ist uns am Ende einerlei,
und froh, weil mit Applaus, fliegt man als Ritter dann nach Haus.

---

trösterlich

Der Trost ging einst als Preis auf eine Reis´ –
grad österlich war er recht trösterlich,
man hatte ihn zum Weitersagen an ein Kreuz geschlagen,
und mancher fand es wunderbar,
dass es nur der und nicht man selber war –
doch schien der Trost noch mal davongekommen,
weil man ihn später wieder abgenommen,
man es sehr tröstlich findet,
wenn man als Trost sich dazu überwindet,
und zum Verlieben hat man das Ganze in ein Buch geschrieben,
wo man es öfter vorgelesen den andern, die nicht dort gewesen –
damit er etwas Bess'res sei, hält sich so mancher jetzt für sündenfrei,
weil man den andern, in vergangnen Tagen,
rein tröstlich an sein Kreuz geschlagen –
und festlich wird nun auch begangen
der Tag, an dem man ihn dort angehangen,
und mancher hält sich für davongekommen,
nur weil er die Geschicht´ vernommen –
man kann, weiß Gott, von Glücke sagen,
dass sich ein andrer für uns zugetragen,
denn sündenrein darf man für alle Zeit getröstet sein –

kein Wunder, dass man den verehrt,
der sich für uns an einem Kreuz bewährt,
wie wunderbar, dass man es wieder mal nicht selber war.

Der Nörgler

Ein Nörgler saß beim Abendbrot,
am Fenster schien das Abendrot,
vor ihm aus Brot die Schnitte
wie eine aufgetane Bitte:
Warum in dieser Zubereitung
die hergesagte Brotbeschneidung
vor diesem nie zufriednen Manne,
der seinem Leben eine Panne'? –
So noch in dieses Raumes Zeigen
oblag dem allen tiefes Schweigen,
es schwieg das Brot,
am Fenster auch das Abendrot,
der Nörgler saß in sich versunken
und hat dem Schweigen zugewunken,
im Raum verharrend seine Geste
zu dem bereitgestellten Feste –
sogar noch eine Fliege saß,
die sich dem Ganzen zubemaß,
der Nörgler schien genarrt
im Augenblick erstarrt,
die Uhr verhielt im Ticken inne,
damit sie sich hinzugewinne –
nichts mehr war störend diesem Frieden,
der abendlich dem Mann beschieden,
das aufgestellte Essvergnügen
bestrafte selber sich mit Lügen –
Doch dann aus einem unsichtbaren Munde,
wie eine aufgeriss'ne Wunde,
erbrach ein Laut sich in den Raum,
fast bildlich war er anzuschaun,

auf halbem Wege blieb er stehn
wie ein Gedanke beim Nachhausegehn,
ein Klang wie aus sich selber bang,
ein Wort wie abgestanden,
so nah und doch entfernt vorhanden,
und alles wie ein Bild
und eingehüllt vom Abend mild –
so ruht sich einst das Leben aus
in einem weggeträumten Nörglerhaus –
Ein Wandrer, der vorüber kam,
die Szene in die Arme nahm,
mit einem aufgeliebten Kuss aus Glück
ließ er das Zauberbild zurück,
mit einer Hand aus hingehalt'nem Winken
schien er in seinen Schritt zu sinken,
ein Stern, der schweigend überstand,
sah, wie er seinem Weg entschwand.

---

förmlich

Ein Tiegel voll geschmolz'nem Blei –
was daran wohl figürlich sei? –
es wird erst zur Figur durch die gegoss'ne Spur,
figürlich spürlich – nun wirkt es ganz natürlich –
die Ähnlichkeit hat Ähnliches zur Treue,
damit sich Gleiches eingeglichen daran freue –
gegoss'nes Blei hat stets die Form dabei,
erkannt von dem, der vorgeformt damit verwandt –
man sieht, die Form wird ablesbar
von einem, der sie selber war,
was ähnlich, wird als Ähnlichkeit erkannt,
soweit ein Ähnlicher damit verwandt,
die Linie, wenn als Rand geführt,
wird jetzt figürlich aufgespürt,
der Raum, der dabei eingeschlossen,
wird auch in Blei gegossen,

am Außen abgelesen,
ist stets ein Innen mit dabei gewesen,
doch später wird erachtet,
dass man die Form genug betrachtet,
man sammelt alle Formen ein,
um sie im Tiegel von sich zu befrein,
so zeigt sich klar, was förmlich und vergänglich war.

Die letzte Drehung

Der Tanz zog einst Bilanz – beziehungsweise die von seiner Reise –
die Rechnung, wenn sie einem Strich gewogen,
wird bald von diesem unterzogen,
denn so erhält sich eine Welt, die sich in Rechnung stellt,
mit Trauermiene das letzte Mal auf einer Bühne –
es scheint ganz durchgedreht, wer so sein letztes Mal versteht:
ein Kreis, der hingesunken noch ein letztes Mal gewunken,
ein Flügel, sterbend, zieht sich in sich selbst zurück,
verneigend kauernd in ein letztes Glück,
ein Schweigen küsst noch einmal seine Zeit
und hält ihn für ein Größeres bereit –
ein Hauch entschwebt dem letzten Dienstgebrauch,
die Welt scheint abgehoben in ein Weiter-Oben –
so meerhaft eingerandet, ein Schiff, das an ein Ufer strandet,
die Luft, geglättet wie ein Wellensaum,
ein letzter Streif-Zug durch den wundgedrehten Raum –
dann stirbt da ein Gesicht, das abgewendet
sich einem letzten Seufzer spendet,
und eine Hoheit, wie sie kaum jemals geschah,
ist einer letzten Silbe nah,
ein abgeschlossen Wort, gerundet abgestundet,
wie ein Gebet, das sich nur selbst versteht,
und nun erblüht vor dem Altar geschieht,
ein Gott, der mit sich selber redet, in eine Ewigkeit verspätet,
die Pforte, die geöffnet meint, was ein Dahinteres geeint –
ein Schweigen harrt im ganzen Haus

vor der gestorb'nen Drehung aus,
nur dass der Tanz, nun schon gesternt,
sich leise aus dem Raum entfernt,
verbraucht, und einer letzten Drehung ausgehaucht.

Die Rolle

Einstmals studierte einer Medizin,
dann zog es ihn zur Bühne hin,
als Mann vom Fach gebar er hier sein Ach,
und mancher Seufzer, der gelungen,
war nun auf einer Bühne aufgeklungen –
hauptsächlich die Paraderolle fand diesen Zug von ihm ganz tolle,
nicht jeder Mediziner wird irgendwann ein Bühnendiener –
jedoch, ein bisschen Schau und Spielerei ist überall dabei,
in jedem Haus ist man verliebt in den Applaus,
auch man viel schöner singt, wenn's Geld im Kasten klingt,
und kostümiert hat jeder, sozusagen, sich gern mal vorgetragen –
dann sind noch die Symptome wohl zweifelsohne
in allen Häusern gleich zu finden,
will man sich zum Applause überwinden,
weil gern man applaudiert, wenn man wo re-agiert –
manch einer macht zum Glück hier erst sein Meisterstück
und stellt sich dar als der, der er schon früher war –
schlägt man die Bühnenlaufbahn ein,
wär's gut, auch noch ein Arzt zu sein,
den Heilweg tritt man, wenn man kann,
sehr gern auf einer Bühne an,
die Welt der Bühne als die Bühne der Welt
hat sich sehr gern dazugesellt –
der Eine oben und die andern unten, haben alle ihren Platz gefunden
in heiliger Symbiose einer geliehenen Pose –
was man possierlich findet, ist etwas, das sich dazu überwindet,
damit man es erfasse, zahlt man dafür an einer Kasse,
die trägt dann dazu bei, dass man am rechten Platze sei –
so sitzt man brav und eingereiht

auf einer Nummer, die uns das verzeiht,
man hat bezahl für das, was man sich ausgemalt,
und außerdem ist's angenehm, wenn man für etwas vorgesehn,
denn die Erwartung, wenn sie eine Rolle spielt, ist vorgefühlt,
rein individuell ist man zur Stell'
und fühlt sich doch getragen vom Weitersagen –
die Bühne, wie mir scheint, hat allesamt vereint,
im Nachhall dieser Stunden hat mancher dann nach Haus gefunden,
nur seine Aura schwingt in diesem Raume, der noch weiter singt.

Der Gartenpfahl

„Nun überleg doch mal",
so sprach der Mann zu seinem Gartenpfahl,
„tagtäglich steckst du in der Erde drin,
so wurzelfern und ohne Lustgewinn,
die Fäulnis nagt an deinen Körperformen,
und was du scheinst, entspricht nicht deinen Daseinsnormen,
du bist ein abgedrehtes rundes Ding
in Anwartschaft der Flamme, die sich Feuer fing,
ein Zaun, den man dir angeheftet,
bedingt, dass man den Standpunkt dir entkräftet,
damit der zögernd dir entwichen,
bist du mit einer Farbe angestrichen,
und schreiend bunt siehst du dich gegenwärtig,
kulturbereichert selbst dir widerfertig,
ein Mahnmal, zeitlich zugerichtet,
als Prunkstück einem Gartenzaun verpflichtet,
die Linie, der du grenzend eingegraben,
will standhaft dich zum Schicksal haben,
dem Kenner bist du aberkannt
aus deines Waldes Lustbestand,
er weiß genau, was dich bedrückt,
seit du aus deiner Wahrheit weckgeschickt" –
Der Pfahl, der nicht ganz ungelehrig,
ward dieser Rede zugehörig

und war versucht, durch überlegen
in seinem Innern etwas anzuregen –
jedoch, es fehlte ihm an Kraft
und Heimattreue aus der Wurzel Saft,
es ist das Überlegen oft erblindet,
wenn man sich fern der Heimat findet –
nach ein paar Jahren, die er noch durchdauert,
ward unser Pfahl hinweggeschauert,
trotz abgedreht und farbig bunt,
vernahm er seiner Endzeit Stund,
nach ein paar zittrig schwachen Daseinswochen
ist er in einem Sturme umgebrochen,
und einem Wandrer gab er diese Meinung,
dass man nicht dauerhaft in der Erscheinung –
ist man als Baum erst einmal abgesägt
und aus dem Walde fortverlegt,
stellt man recht oft die Überlegung an,
ob man sich das auch leisten kann,
und sieht mit kummervoller Miene
sich wegwärts von der Waldesbühne –
es ist nicht gut, wenn man die Zeit erfährt
auf einem Platze, der nicht recht dazugehört.

---

fast

Was man sich vorgestellt, erscheint als Fast in dieser Welt,
was um ein Anschaun ringt, ist sich als Fast bedingt,
das Fehlende, das man bestreitet, ist uns als Fast bereitet,
mit Tücke zeigt uns ein Fast die Lücke –
das Nichts, wenn es uns mitgespielt, stets auch ein Fast enthielt,
und aufgepasst: die ganze Welt ist nur ein Fast –
fast wär die Welt vollkommen,
hätt' nicht dies Wort in dieser Platz genommen,
ich kann nicht klagen, ohne dieses Fast zu sagen –
fast neu bleibt sich die Liebe treu,
und einen Hauch von Nostalgie ihr dieses Fast verlieh –
„Fast ist man nur Reklame",
sprach die Vergangenheit zu ihrer Dame,
„Fast wär man nur ein Scherz", sprach zum April der März,
und auch der Mai hat stets ein Fast dabei –
beim Eiersuchen muss man ein Fast verbuchen,
das sich dann eingestand, dass es nicht alle Eier fand –
wenn etwas liegengeblieben, muss es sich als Fast begnügen,
sogar der Sand in einer Uhr enthält fast alle Stunden nur,
weil einer, der dies nicht ertrug, als Fast die Uhr zerschlug –
in einem Labyrinth fast alle Wege sind,
doch was man unerträglich fand, ist stets mit diesem Fast verwandt,
das Fast, wenn ignoriert, uns stets als Labyrinth verführt,
erst wenn die Linie sich zum Kreise biegt, sind alle Fast besiegt,
wenn alle Feuer sind verraucht,
wird dieses Fast nicht mehr gebraucht.

Abbild

Ein Spaß, der vor dem Spiegel saß,
sich ebenbildlich daran maß,
er sah in diesen Spiegel rein,
um einmal ganz er selbst zu sein –
als Spaß und ohne Gelächter
ist man sein allerbester Pächter,
den Pachtvertrag man erst im Spiegel kennen mag,
weil man jetzt sah, als was man da –
unweigerlich wird man im Spiegel zeigerlich,
nimm dich nur ernst, damit du daraus lernst,
was sichtbar wird, sich nie im Spiegel irrt,
weil man dort stets derselbe ist,
wenn Gleiches sich mit Gleichem misst –
das alles wird sehr spaßig sein,
schaust du als Spaß in einen Spiegel rein:
Dein Bild wird als ein Weitersagen
auf unsichtbarem Wege hingetragen
und kehrt zum Glück auch wieder so zurück –
so wird man, eingeglichen, sich selber sehen müssen,
und doch verliert man auf Distanz ein wenig seinen Glanz,
das Bild kann nie derselbe sein,
der schaut in diesen Spiegel rein,
das Bild ist tot und ohne Morgenrot,
weil es nicht fühlt, wie es sich mitgespielt,
nur der, der ihm Modell gestanden,
ist ganz er selbst und nur sich selbst vorhanden,
das eben ist zur Last gelegt
dem, der sich vor dem Spiegel pflegt –
ein Rätsel ist der Weg, der überbrückt,
wenn man dort hingeschickt,
kaum vorstellbar man so auf einem Wege war –
Ein Halt, wenn darauf aufgebaut,
auch in den Spiegel schaut,
wie säh' der aus? – wie wär' sein Haus? –
ein zweites Bild steht nun als Halt
vor diesem Spiegel bald,

nicht mehr ist klar, was davon nun das echte war –
was in den Spiegel schaut, ist ihm als Frage aufgestaut,
der Spiegel schweigt zu dem, was ihm gezeigt,
er kennt nicht Spaß noch Freude der in ihm vorgezeigten Leute,
was er besaß, ist nur aus Glas, beschichtet und davor belichtet –
was auch das Bildnis sei – es bleibt nur Spiegelfechterei:
Verletzt wird nur das Glas, wenn man ihm zugesetzt –
was vor uns aufgestellt, gehört der Spiegelwelt:
Ein Stückchen Glas und ohne Spaß –
stets ist es nur die Außenhaut, die aus dem Spiegel schaut,
das Urbild, dem man sich verpflichtet,
wird weiter innen ab-gelichtet –
wie wunderbar, wenn man sich selbst der eigne Spiegel war,
ein bisschen Zauberei ist auch dabei,
wenn ohne Glas und Spiegelfechterei.

Der Apfelbaum

Herr Mürrisch saß mit übler Laune
am Morgen unter seinem Apfelbaume –
bekanntlich ist solch Unikat
als Außendran ein Krisenstaat
und jeder, der vorüberkam,
anteilig dieses Bild vernahm,
so morgengrau als Trübsinnschau –
Der Apfelbaum war, wie man sah,
grad neu erblüht dem Maien nah,
jedoch der Mann saß unbeirrt
an seinen Kummer angeschirrt,
ein eingesessen Trauerbild
und eingerahmt so wundermild –
Nachdem der Tag schon fortgeschritten,
kam pferdbetreut ein Reiter angeritten,
der sah mit fachgerechtem Blick
des Baumes neues Blütenglück,
und weil darunter aufgebaut,
er auch das Jammerbild erschaut,
denn wenn das Auge angeregt,
mit Blicken es solch Bild belegt –
Das also war der Status quo
an einem Apfelbaume, irgendwo,
und unser Reiter nahm als heil'ge Pflicht
nun Anteil an der Bildgeschicht',
dann aus dem Reiter, der schon weit geritten,
erklang die Rede, mitgelitten:
Mein Lieber, der du missgelaunt vorhanden,
vergib dir selbst und dem, der dies dir zugestanden,
willst du dir deine Tage loben,
so richte deinen Blick nach oben,
dort siehst du einen Blütentraum,
dir aufgebaut von einem Apfelbaum,
in diesem aufgetanen Blütenschimmer
blüht dir des Baumes Freudeimmer,
er will sich dir als deinesgleichen

in Blütenschäumen weiterreichen,
und jede Blüte zeigt wie ein Gedicht
dir ihres Herzens Angesicht –
Natürlich ist dies lange her
und unmodern der Wortverkehr,
auch schläft der Reitersmann mit seinem Pferde
schon lange in der kühlen Erde,
doch spricht so mancher Apfelbaum
davon in seinem Blütentraum,
nur dass nicht jeder sich mit seinem Ohr
in diese Wunderwelt verlor.

Das Riff

Ein Riff stand sehr alleine –
die Sonne sank im Abendscheine –
das Riff war ganz aus Schiefer –
der Glanz vom Meer ward immer tiefer –
so weit ein Riff sich selbst verstehen kann,
stellt es verstanden seine Überlegung an:
wie, wo, warum, als was
steht hier ein Riff im Meeresnass? –
warum raunt leis' der Wellenschlag
stets neue Fragen in den langen Tag? –
wer fragt das Meer, ob es nicht auch die Antwort wär? –
welch Wort verteidigt sich an diesem Ort? –
und was im Meer zeigt nun Verständnis
für diese wörtliche Verwendnis? –
und wie versteht man eine Antwort, die sich so ergeht? –
Seit Jahrmillionen steht man glatt geschliffen
und meereswässrig abgegriffen,
nun erst, nach dieser abgestandnen Zeit,
hält man sich fragend einem Meer bereit,
obwohl so nah und immerzeitlich selber da –
Das Meer, das wellenselig sich am Riffe bricht,
verwandelt stets als Antlitz seine Antwortpflicht,

und wie es sich dem Licht vermählt,
es ewig neu von diesem Wort erzählt,
das sich verwandelnd nur das Eine sagt,
dies Urwort, das im Meere rauschend sich empor gewagt
aus unergründlich tiefen Fernen,
so sonnentrunken und so eingeflüstert fernen Sternen –
Und wie die Zeit sich als Geschenk verdichtet,
aus Ewigkeiten herverrichtet,
steht unser Fels, so meerumrandet
und riffetreu sich angewandet,
vom weichen Wasser angefühlt,
das fingernd hier mit dieser Härte spielt –
Ein gegen-teilig harter Stein,
so meeresnah und so allein,
steht immer noch hochaufgeragt
als einer, der die alte Frage fragt –
doch eine Frage, wenn sie existenzbegründet,
letztendlich noch in einer Antwort mündet,
und unser Fels stand sehr beruhigt da,
als er sich selbst in dieser Antwort nah,
und einem Schiffe, das vorüberfuhr,
verlor sich diese Felsenspur –
obwohl sehr lang an seinem Platz gestanden,
war unser Fels nicht mehr vorhanden,
von einem weiten Meer umliebt,
unendlich in Geduld geübt,
sah man mit einem letzten Winken
ihn heimatlich darin versinken –
ein Felsen, steinern und als lang bestandne Frage,
sank lächelnd in die Antwort seiner letzten Tage,
so meerumrauscht und einem Innen abgelauscht.

---

potentiell

„Die Welt ist Schwingung", sprach das Ohr
und lockte einen Ton hervor,
dem war die Sache sehr suspekt,
drum hat er sich erst mal versteckt –
man sieht, nicht jedem ist die Welt geheuer,
ist sie auch manchem gut und teuer –
doch treu wie Gold hat dieser Ton ein Ohr gewollt,
er schwang sich auf die Luft und fuhr in dieses Ohr,
man stell' sich dies mal vor,
wie immer unsichtbar, damit man fast ein Wunder war –
nicht Nase und nicht Auge
für solche Schwingung tauge,
einzig das Ohr steht auf Empfang
für eines Tones Überschwang –
spezifisch wird man eingesetzt,
damit man nicht den Plan verletzt,
auch schon der Urton schwang sich gradeaus,
noch einsam, ohne viel Applaus –
doch potentiell war seine Vielfalt bald zur Stell',
der Urton wollte sich verschönen,
um dieses oder das zu tönen –
der Ton, mit einer eingegeb'nen Schranke,
war eigentlich zuerst Gedanke,
dann formte der den unhörbaren Ton –
doch der Gedanke hört' ihn schon,
man stelle sich mal vor: ganz ohne Ohr,
nur vorgestellt – und doch real in dieser Welt,
es fehlt nur noch das Messgerät, das diesen Ton versteht
und weiterschenkt, was sich der Denker tönend denkt –
das Ganze scheint sehr kompliziert
und wird nur selten vorgeführt,
ein Ton, der unerhört, hat den Beweis gestört –
ein Apparat, der nur zum Denken,
kann laute Töne nicht verschenken,
erst Geige und Klavier
verschaffen einem Ton Gespür –

so wird ein Ton, der nur gedacht,
für diese Welt zurechtgemacht,
weitläufig und mit viel Gehalt
verändert er so die Gestalt –
so zeigt der Weg uns den Beweis:
Man hört nicht alles, was man weiß,
doch wird der Ton, wenn er gefühlt,
dann später auch mal vorgespielt,
um zu beweisen, dass er schon lang auf Reisen.

Der Rest ist Schweigen

Einst rief ein Mensch, der bei sich selber schlief,
zu Hilfe einen Traum –
der Traum, ursächlich sehr gemächlich, gab sich erstaunt,
weil meist, wer so verfährt, sich gern dabei bewährt –
im Schlaf, wenn man der Zeit entfiel,
scheint alles nur ein Kinderspiel,
das Kind des Spieles als ein Kind mit Pfiff,
das mancherlei, doch dann nur unbewusst, begriff –
vom Kind des Spieles ist sehr gern die Rede,
vielleicht, weil man die Dreie oft verdrehte –
was unter-über-in-ein-ander, ist mit sich selbst verwandter,
gewägt und als Begriff geprägt von Leuten, die erwachsen scheinen
und doch nur irgendwie ihr Kindsein meinen –
wie sagt der Wortvergleich: „Wer spricht, den macht die Rede reich
und macht, wenn's einen Gott erbarm, auch manchen arm" –
woraus man denn ersieht: oft ist's ein Reicher, der die Rede mied,
nur dass sich's schwer erfahrbar macht, was er sich zugedacht,
denn spurlos er verschwand im eigenen Schlaraffenland,
und draußen, vor dem Tor, steht eine Welt davor,
und niemand weiß um diesen hohen Preis –
ein Wort nur, wenn es ausgesprochen,
und sei es nur das Wörtchen Schweigen,
es hätte viel davon erzählt,
und auch von sich, um es der Welt zu zeigen –

doch die Verschwiegenheit der großen Trauer
verschwand in sich auf lange Dauer,
bis sie am Jüngsten Tag sich an sich selbst erkennen mag –
So geht es allen, die sich als Rede selbst ins Wort gefallen:
Der Rest von allem Schweigen
ist ein Sich-vor-sich-selbst-Verneigen,
sich selber übersprang, wem dieser Spruch gelang.

---

stillbeglückt

Ein ältrer Herr erging sich einst am Strande
von einem Meer mit seiner Tante –
das Meer erglänzte groß und weit,
weil es zu diesem Schritt bereit –
nur eben diese Tante, die das schon länger kannte,
nahm, was wohl auch nicht sonderbar,
von solcher Größe nicht mehr vieles wahr
und war als Tante sehr beredt,
was man mit Worten denn auch eingesteht –
nicht immer ist solch holde Maid
zur Schweigsamkeit am Meer bereit,
so geht das meist bei Tanten
und andren Anverwandten –
Bei Augenblicken, die uns heilig sind,
sei man berauscht von Meer und Wind,
man ist nun mal erst recht beglückt,
wenn man die Tante weggeschickt.

---

nachbarlich

Die Gurke, zum Salat gebraut,
lag einst auf einem Tische aufgebaut,
recht konvertibel, gleich neben einer Zwiebel –
man fühlt sich sehr geruchsbelehrt,
wenn man mit dieser Frucht verkehrt,
so auch die Gurke, die zwar scheibchenweise
auf ihrer Gurkenreise –
obwohl zum Star erkoren,
fühlt man sich doch etwas verloren,
weil ordinär man nachbarlich bei diesem Nebenher –
so ward denn auch Kritik geübt,
weil dies die ganze Stimmung trübt,
wer hat schon gern, wenn er zur Schau gestellt,
die Nachbarschaft von einer Zwiebelwelt –
man rümpfte bald auch schon die Nase
auf dieser dargebrachten Gurkenstraße,
und als man personell vorüberkam,
man wörtlich dazu Stellung nahm –
nur eben stand das Tragepersonal
verbal recht fern der Gurkenqual,
was dazu führte, dass man nicht der Kritik gebührte,
man geht denn achtlos auch nach nebenan,
wenn man hier nichts verstehen kann –
der Gurke brach es fast das Herz,
ob diesem zugestellten Zwiebelscherz,
und unmutsvoll lag sie in Tränen,
um optisch diesen Zustand zu erwähnen –
und nun als Gipfel solcher Barbarei
schnitt man die Zwiebel kleiner und entzwei,
und rücksichtslos, weil in der Welt,
ward sie noch enger nun dazugesellt,
und Gurk' und Zwiebel mussten eine Schüssel teilen,
geschmiegt als Aneinanderweilen –
ach, hättet ihr das Pärchen liegen sehn,
wie wärt ihr eingefahren ins Verstehn,
wie trifft solch enger Fruchtverkehr

das Auge an als Gegenwehr,
und wie gestaltet sich das Blickvergehn
dahinter als Gehirnproblem,
wo man als Denken nachgedacht,
wie solches sich hier möglich macht –
doch das Gehirn, als des Gedankens Ösung,
erfand sehr schnell dafür die Lösung:
man nahm sich huldvoll dieser Sache an,
weil man sich des Geschmacks entsann,
hat man zwei Früchte im Gefäß geeint,
lebt ein Gedanke, der sie so gemeint,
und was gedanklich vorbereitet,
dann den besondren Weg beschreitet,
und delikat, weil so verwendet,
ward dieser Gurke Schmach beendet,
man war so sehr von seiner Tat besessen,
dass man sie mundig aufgegessen,
wie wunderbar,
dass man geschmacklich sehr an sich beteiligt war –
die Zunge, als Gebrauchsobjekt,
hat dann das Gurkenelend zugedeckt,
und kleingekaut, weil weiter hinten,
wird man den Lebenssinn noch finden,
ein Speisesack, genannt der Magen,
hat manches Elend schon vertragen,
und was man darin eingefüllt,
hat meistens sein Problem gestillt –
wenn man dann vollends die Gestalt verliert,
weil man noch weiter fortgeführt,
stellt sich die Existenz nicht mehr in Frage
in dieser neuen Daseinslage,
nun ist man balde, eingeglichen,
durch einen letzten Spalt entwichen
und zeigt, geruchlich unverschämt,
dass man sich einst umsonst gegrämt –
was ist die Zwiebel schon als Kleinigkeit,
wenn man zu solchem Schritt bereit,
jetzt ward man namentlich beendet,

weil bald als Dünger fortverwendet,
und eh man's recht besehn,
sah man die Gurke wieder auferstehn,
und auf dem Beete nebenan,
man sich der Zwiebel bald entsann –
so zieht man ewig seine Kreise
auf die bekannte Gurkenweise,
bis einstens man Ade gesagt
und sich von diesen weggewagt –
jetzt nun, und weiter oben,
darf man den neuen Zustand loben:
beflügelt, in der Engelschar,
wird man als Symbiose wahr,
die Zwiebel- und die Gurkendame
beglückt vereint in ew'ger Rücksichtnahme.

---

objektiviert

Die Brille, die sich einem Auge paart,
hat sich zum Sehen aufbewahrt,
ein Vor-Satz, wenn er ernst genommen,
ist einem Blickpunkt sehr willkommen,
die Schärfe dieser Welt
gewinnt, wenn man gut eingestellt,
wer objektiv daran gedreht,
noch besser dann zu seinem Standpunkt steht –
so wirft das Auge gerne
den Blick in diese eingestellte Ferne,
das Auge als Versuchsobjekt
wird so gewissermaßen neu entdeckt
und auch bekannt mit dem, was noch dahinter stand,
denn hinter diesem Augentor steht dieses Testlabor,
das sich dem Augen-Blick verschwor,
und es behält sich denn auch vor,
rein analytisch jedes Bild zu testen,
vom schlechtesten bis zu den besten,

und jedes Bild, das man zuvor gesehn,
darf man hier nun gefühlt verstehn,
auch wird dann jedes archiviert
in eine Ordnung eingeführt,
dazugesellt in eine schon vorhandne Bilderwelt,
ein Etikett, das man ihm angehängt,
sich diesen Bildschatz weiterdenkt,
und dieser Vorgang zeigt, in wieweit man dem zugeneigt –
nun, von den meisten wird dann ungedacht
kaum noch Gebrauch gemacht,
man hält für diesen Zweck ein Reservoir,
gemäß dem Sinne wunderbar,
um bei besonderen Gelegenheiten
noch einmal drauf zurückzugreifen –
obwohl's der Seher nicht vernommen,
ist jedes Bild dort angekommen,
man sieht, man sieht viel mehr als das,
was nur bewusst geschieht,
fast unermesslich ist das Labor intresslich
und prophylaktisch gut,
weil man nicht alles wissen tut –
nur manchmal, und man merkt es kaum,
steigt uns ein Bild aus diesem Vorratsraum
und man erstaunt, was uns da anbe-raumt,
und irgendwie wird dies Geschehen
als etwas Wahres angesehen,
denn unsichtbar und sehr gedankenwahr
schwebt raum- und zeitentfernt
ein Auge, das den Himmel sternt,
ein Himmel, weit in seiner Unermesslichkeit.

Schlüsselfrage

„So frage den Rüssel", meinte die Schüssel –
mit wem wohl eine Schüssel spricht
in ihrer Schüsselpflicht? –
man hat die lange Nase nicht zum Spaße,
solch langes Riechorgan, und dann noch vorne dran,
was regt zu solchen Fragen an, wenn man sie fragen kann? –
welch eine Vor-Machtstellung in dieser Selbstgesellung,
warum wächst ein Gesicht zu solcher Nasenpflicht,
so hingerüsselt aufgeschlüsselt –
ein Schlüsselwort in einem fort?
mir trat die Frage in einem Traum zutage,
ich also bin der angesprochne Mann,
der diese Frage fragen kann,
lang war die Zukunft dieser Nacht,
und lange hab ich sie durchwacht,
ein Traum regt oft zum Wachen an,
dieweil man nicht mehr schlafen kann –
Absurdität, wenn sie geträumt, kommt nicht zu spät,
denn lange Nase, langer Sinn –
wo führt der Traum mit diesem Wege hin? –
nach langer Zeit schlief ich mit dieser Frage ein,
verträumt und mit mir selbst allein,
und wiederholt kam mir die Schüssel
mit dieser Frage an den Rüssel,
des Rätsels Frage ward auch nicht gelöst,
als ich erwacht noch hingedöst –
vielleicht, dass sich ein andrer überwindet
und lesend sie ersprießlich findet,
ich hab für meinen Fall die Nase voll,
hab doch die Antwort, der sie darauf haben soll.

Das Fieber

Herr Liebrig war recht fiebrig,
was er nicht unerheblich fand,
als dieses sich ihm zugestand –
vor ihm das maßgerechte Thermometer,
das zweckgerichtet noch für später,
damit man daran abgelesen,
dass man als Fieber da gewesen –
Herr Liebrig nun lag schon im Bette,
sehr normgerecht an ausgebuchter Stätte,
wo man ihn kontrollierte mit dem, was ihm gebührte –
obwohl sehr artig hingebreitet,
traf es ihn schicksalhaft und zubereitet,
und fiebrig wachgerüttelt
ward er sehr peinlich durchgeschüttelt –
und wie der Schweiß die Pore fand,
ward er sich wohlerweckt noch mehr bekannt,
wie darf man doch gelehrig sein,
vom Schweiß durchdacht in dieser Pein –
Herr Liebrig, als ein kluger Mann,
fing nun auch selbst zu denken an:
Warum er solchermaßen ausgesucht
und bettgelagert feuchtbetucht
als die Persona inklusive
von Wissenschaft und Vorsichtstiefe? –
So lag der Freund nun, tiefbesinnend
sich mehr und mehr dazugewinnend,
und man gestand sich tadelnd ein,
dass Reichtum lapidarer Schein,
wenn man als Thermometerstand
sich grippemäßig neu verwandt –
grad wenn man fiebrig in Verwendnis,
gestaltet man sich als Erkenntnis,
was man gedanklich sonst nur angedeutet,
wird nun gefühlsreich aufgehäutet,
und wo man friedlich sonst vorm Spiegel stand,
lebt schreckverzerrt ein Bilderland,

das Anschaun, spieg'lig rückversendet,
erschrickt am Auge, das den Blick vollendet,
und das Erkennen zeigt jetzt klar,
dass man nicht der, der man erst kürzlich war,
und man vergisst die eignen Augen,
die augenscheinlich nicht zum Blicken taugen –
nun man entschließt sich schließlich so gesehn
entsetzlich jetztlich zum Vondannengehn,
man will im stillen Kämmerlein
als Spiegelferner sehr alleine sein –
und als das Zimmer etwas abgedunkelt
und schweißbeperrlt die Stirne funkelt,
kommt man letztendlich zu dem Schluss,
dass man geduldig warten muss,
bis man, gekonnt zur eignen Zierde,
fernab des Körpers Leidbegierde,
als neuer auferstandner Mann
sich wieder selbst ersehen kann –
jetzt nun erscheint uns sinnbezweckt,
dass man hier nicht umsonst erschreckt,
und dass man aus des Schicksals Hand
als Neuer in die Welt gesandt,
wo man erfolgsgetreu davon berichtet,
wie man im Fieber aufgelichtet.

Das Nudel-Gericht

Es war dereinst ein Nudelholz sein ganzer Stolz,
manch Nudel kam so schön in Form
durch dieses Holzes runder Norm,
so normatiert und hölzern aufgeführt,
so nudelig und hergerührt –
doch ward sehr oft Kritik geübt
von Nudeln, wenn sie breitgeliebt –
so ging die Nudel denn in heil'ger Pflicht
mit diesem Holze vor Gericht,
das Nudelholz saß angeklagt
auf einer Bank, die hölzern sich dazugewagt –
Als man verhandelt viele Wochen,
ward dieses Nudelholz dann freigesprochen,
sehr feierlich, weil es dem Augenblick gebührt,
hat sich der Richter dabei aufgeführt,
ein Richter ist sehr kompetent,
weil er sich vom Gesetz her kennt,
und außerdem hat er studiert,
bevor er sich als solcher spürt,
damit man das von außen sehen kann,
hat er besondre Kleider an,
das Aug' erkennt als Urteilskraft
denn auch sofort die Richterschaft –
In seines Amtes hoher Pflicht
steht nun der Richter auf und spricht:
„Ihr Freunde, die ihr euch sonst nahgestanden,
ihr seid hier sehr getrennt vorhanden,
ich steh nun hier in richterlicher Eigenschaft,
verkündend des Gerichtes Urteilskraft,
lang haben wir in des Gespräches Runde
vorherbereitet diese Urteilsstunde,
so sei denn hier nun vorgeführt,
was sprachlich von dort hergerührt,
das Urteil lautet also so:
Ein Nudelholz, recht rundlich als ein Immerfroh,
dagegen als missbrauchte Welt,

die Nudel, treulich herbestellt –
nun ist es laut Gesetz so eingerichtet,
dass man als Nudel einem Holz verpflichtet,
man wird in diese Form geschunden,
hat man sich weltlich dazu überwunden,
bevor die Nudel ihren Zweck erfüllt,
sei sie zu diesem Holz gewillt,
das Holz erfüllt aus seiner Sicht
sich eben auch in einer Nudelpflicht" –
Nach dieser Rede, die sehr ernst gemeint,
sah man die beiden wieder treu vereint,
die Nudel, etwas platt gedrückt,
nun doch von ihrer Form entzückt –
man sei in dieser Welt als Köstlichkeit
zu eben diesem Schritt bereit.

Der Wunschtraum

„So pflück´ mich doch",
sprach eine Blume einst zu einem Immernoch –
das Immerdar fand es recht wunderbar,
dass es nun mal kein Pflücker war,
es ist mit solchen Sachen hier kein rechter Staat zu machen,
mit Bücken diese Welt beglücken?
so hat man sich nicht dreinzuschicken,
mit Einzelheiten lässt sich ein Immer selten aufbereiten,
das Ganze im Visier, ist man als Immer immer hier,
man stellt was dar, wenn man als Immer stets ein Ganzes war –
wie majestätisch steht ein Immer da,
wenn es sich stets als Ganzes nah,
den Blick in Fernes ausgerichtet,
von innen her dazu verpflichtet,
so schaut man mit geübtem Blick
in das, was immer war, zurück –
es ist beängstigend und schön,
wenn man als Immer für sich vorgesehn,

es ist ein Internatsbeschluss,
dass man sich interniert erleben muss,
und auch extern, wenn grad ein Stern,
hat sich ein Immer immer gern –
was will da solch ein Blümelein
als sterblich Rest auf einer Wiese klein
mit großen Wünschen und einhergeredet
als eines, das sich ohnehin verspätet?
solch Gast hat sich als Jetzt
und auch als Zukunft sehr verschätzt –
so war denn unser Wunderschön
noch ein paar Tage herrlich anzusehn,
dann wurde es vom Bild her eingefaltet
und deshalb etwas umgestaltet,
auch namentlich genannt
ward es nun neuer-dings als Heu bekannt,
und um es umzutaufen,
warf man es später dann auf einen Haufen,
und weil man solches fressen kann,
nahm sich ein Rindvieh seiner an –
so wird man wunschgetreu
letztendlich doch gepflückt als Heu –
das Ganze war natürlich nur ein Traum
und schlechterdings rein pflanzlich anzuschaun –
am Morgen dann, in alter Wonne,
stand unser Blümlein unter einer strahlend hellen Sonne –
wie wunderbar, dass alles Pflücken nur ein Träumen war.

Der Zeuge

Rund um die Uhr auf einer Zeigerspur –
ein Zeiger, der sich selbst versteht, wirkt etwas überdreht,
wohlan, ein Zeiger sich das leisten kann,
solang er sich noch dreht um das, was er von sich versteht –
das Werkzeug und das Werk, geeint zu einem Zauberberg,
dem ablesbar, was von ihm zeitlich war –
der Zeiger sich um eine Mitte dreht,
die sich als Mittel-Punkt versteht –
der Punkt als Mittel – die Stille als erwacht,
so hat das Werk als Zeuge sich gedacht –
nichts wirkt mehr überdreht, das man versteht.

ausdrücklich

Der Innenarchitekt ist in sich selbst versteckt,
wie schon der Name sagt, und wie man nach ihm fragt –
er hält, was er verspricht, erzählt er uns die innere Geschicht',
und wer es kann, sieht es ihm schon von außen an –
der Eindruck ist der Ausdruck, der sich schindet,
und sich am Außen überwindet –
am Außen spielt sich nicht zu knapp das innere Geschehen ab,
was dort erscheint, ist stets von innen her gemeint,
was an der Haut nicht, ist auch nicht am Knochen,
man hatte früher schon davon gesprochen,
denn was sich sprachlich fand, sich stets von innen her verstand,
ein Architekt scheint überall versteckt:
der Sinn als Form – die Form als Sinn –
so bringt die Norm den endlichen Gewinn –
ein Wort, das man verstand, hält das Verstehen in der Hand,
denn nur verstandeseigen kann sich Verstehen zeigen –
ein Wort gemahnt an das, was man von innen ahnt,
man hätt' es wörtlich nicht verstanden,
wär' es nicht schon als Wort vorhanden,
nur dass es eben schlief, bevor es einer rief.

Die Prägung

Geschlagen, wenn als Stunde, ist eine Glocke in aller Munde,
nach unten offen, wie sie's getroffen,
des Raumes Wandung als einer Glocke Umrandung,
und mittendrin des Klöppels Hauptgewinn –
der hing noch eine Weile still, als diese Glocke läuten will,
doch dann berührt Metall sich mit Metall,
es löst der Töne Schall nun diesen Fall,
und jeder Schlag bringt mehr von diesen an den Tag,
und man beachte, dass einer sich dabei was dachte:
Der Glocke Spur liegt auf der Spur von einer Uhr,
die Uhr zeigt einem Mann, wann er die Glocke läuten kann,
zwei Zeiger, die an einer Uhr befestigt sind,
umlaufen einen Kreis geschwind,
befestigt, weil so Sitte, am Mittelpunkte einer Mitte –
hier ist der Punkt, wo sich ein Zeiger dreht
auf einer Achse, die sich so versteht,
die Achse, will sie sich als Sinn gewinnen,
beginnt noch weiter drinnen,
gezahnt und x-mal übersetzt, gibt sie der Zeit ihr Achsenjetzt,
und wenn nicht aufgehalten, gibt sie dem Zeiger ein Gestalten,
und über allem steht ein Wille, der sich als Gedanke dreht –
und häufig wird sich so der Drehpunkt mal geläufig,
und zeigt dem, der es sehen kann, die Zeit als Stunde an –
eins greift ins andre, wenn das andre es ergreift,
und über allem schwebt nur ein Gedanke,
auf den sich alles hier versteift,
es wär vermessen, diesen dabei zu vergessen –
die Kraft, die letztlich sich in Zeit verwandelt,
nur immer diesen Sinn behandelt:
Dass die Idee, bevor sie dieses Werk erfand,
schon lange zur Verfügung stand,
bis dass sie einer aufgegriffen
und dann in eine Uhr geschliffen,
hier gräbt sie sich nun Zahn um Zahn
in einer Erden Zeitenplan,
wodurch denn wiederum der Sinn entsteht,

dass alles sich um den Gedanken dreht,
denn dieser schafft den Grund für einen Zeitenmund –
so wird geprägt, wem diese Stunde schlägt.

Der Nutzeffekt

Es saß einst eine Zauberflöte vor einer Warzenkröte,
um sie mit ihren Tönen zu versöhnen –
dem Tierchen war dies Abenteuer wohl nicht ganz geheuer,
es kannte von zu Haus bei solcherlei nicht den Applaus,
und hat denn auch sehr bös´ geguckt
und giftig vor der ausgespuckt –
man überlege gut, vor wem ein Zauber flöten tut,
denn schon von außen zeigt ein Tierchen an,
wie weit es das vertragen kann,
ein böser Blick find´ solch ein Flötenspiel nicht schick –
die Flöte scheint im Paradies,
wenn sie nur für sich selber blies,
die Lieder, die man blasen kann,
sie kommen hier am besten an –
im Notfall sei es noch die Schlange,
der auch bei diesem Lied nicht bange,
was nur geschieht, weil sie die Welt durch eine Brille sieht,
denn diese hebt als Schlangensegen
beträchtlich deren Sehvermögen –
so steht die Schlange aufgerichtet
dem Flötenton verpflichtet,
der Flötenform, weil diese länglich,
zeigt sich die Schlange nun empfänglich,
was analog nicht ihre Ähnlichkeit betrog,
denn diese ist nun mal das beste Tanzlokal,
wo einer sich am andern dreht
und so die Melodie versteht –
Ward dies genügend demonstriert,
die Schlange sich in ihren Korb verliert,
hier klappt man nun den Deckel drauf

und hebt das Ganze noch für später auf,
wo man an andrer Stelle
dann wieder mal ein Liedgeselle,
es kommt auf das Gedächtnis an,
ob man sich dieses leisten kann –
Die Kröte ist bei diesem Fest
sehr unberührt dabei gewest,
und während diesem Flötensiege
fing sie gelangweilt sich nur eine Fliege –
nicht jeder hat den Nutzeffekt von einem Lied entdeckt.

Der Chorleiter

Es stand einst einer einem Chor
als Dirigent und Engel vor,
so richtig schön, mit einem Flügelpaar versehn –
welch wundersames Attribut,
da solch ein Chor auch singen tut –
anmutig wird solch Flügelsegen
sich klangberauscht auf den Gesang verlegen,
mit dieser schlagenden Verbindung
bringt Schweben sich zur Überwindung:
wie Äolsharfenklang sinnt über allem dieser Chorgesang,
und mancher, der im Saale aufgereiht,
der Schulden Last sich selbst verzeiht –
so scheint es therapiebedingt,
dass chorgerecht ein Lied erklingt,
vor allem, wenn ein Flügelpaar
davor beim Dirigieren war –
ein Kenner, der im Saale saß,
mit Kennerohren diesen Klang vermaß,
so klanggeführt und tief gerührt –
Nun als das Chorkonzert gekonnt beendet,
hat man der Vielfalt viel Applaus gespendet,
und auf dem Heimweg sprach die Stellungnahme
aus einem Mund von einerält'ren Dame,

die sehr kritikbeflissen
und rein gesanglich hingerissen –
das Urteil fiel recht günstig aus,
wie es sich angedeutet schon im Haus,
und seufzend klang ein Ach aus dieser Frau,
so fachgerecht und klanggenau,
dass mancher, der daneben ging,
an dieser Rede Feuer fing –
und da es drauß' schon dunkel war,
sah man sein flammend Herze wunderbar,
natürlich nur, wenn man vom Fach
und kompetent für solches Ach –
ich hatte mich am Wege aufgebaut,
weil man hier bestens den Vorbeimarsch schaut –
nun dieser Herzen Leuchtreklame,
vor allem das der alten Dame,
verlor sich blinkend heimatlich ins Reich der Sterne,
davongeahnt in ihre aufgetane Ferne,
darüber flog ein Flügelpaar,
das glaube ich an einem Engel war –
ein Engel, wenn mit Dirigierverpflichtung,
belebt den Heimgang einer Sangesdichtung,
die, wunderbar der Nacht durchlichtet,
sich in die Dunkelheit berichtet.

Kinderglück

Es stieg einst einer, schaut, wie fein, in einen Spielzeugladen ein –
dort hat er sich dann, gut gepflegt, zum Schlafen hingelegt,
nicht etwa, dass er etwas nahm, als er in diesen Laden kam,
ihm war es lieb, dass er zum Schlafen nur verblieb –
ein wenig Rätselraten kann hier wohl nicht schaden:
warum und immer wieder
legt sich ein Mensch dort drin zum Schlafen nieder? –
es ist wohl klar, dass er ein Fall für den Psychiater war –
so hat man gleich, als er erwacht, ihn diesem Manne zugedacht,
der meinte voller Fragen, er solle ihm die Wahrheit sagen,
wohl um den Preis, dass er sie selber noch nicht weiß –
solch Fall kommt um der Wahrheit wegen der Praxis sehr gelegen,
und auch die Theorie ihm diesen Schritt verzieh –
der Schläfer fand es wunderbar, dass er so von Interesse war,
und hat sogleich, als angekommen,
bei diesem Manne Platz genommen –
Da lag er wieder, lang ausgestreckt die müden Glieder,
der Doktor, der daneben saß, den Mann mit seinen Blicken maß,
und wie entrückt, war er von dessen Schlaf entzückt,
wie wunderbar, dass er so bald entschlafen war –
und beiden kam, man glaubt es kaum,
im Schlafen nun der gleiche Traum:
Sie lagen friedlich und geeint in einem Laden, wie mir scheint,
und dachten sich zurück in ihr gewesnes Kinderglück –
ich kann nicht sagen, wie lange sie dort lagen,
doch ist es wohlgemeint, was diese Männer eint,
der eine wie der andre sah, dass man jetzt erst den Dingen nah –
doch sei hier eingeräumt, dass man es leider nur geträumt.

Marktanteil

Er hatte sich den Bauch gehalten
ganz einfach, um sich damit zu gestalten –
ein andrer hielt sich einen Hund zu der dazugegeb'nen Stund´,
und noch ein andrer hielt nur eben, was er von sich hielt
und hat recht segensreich damit gespielt –
und jeder hatte bei der Halterei ein Stückchen von sich selbst dabei,
und außerdem, bei allen Ehren, wer wollte ihm das schon verwehren,
wo er doch, das ist klar, nur mit sich selbst beschäftigt war? –
man kennt ja als Erinnerung das Angenehme der Beschäftigung,
und wie das schimmert, wenn man sich so erinnert,
welch Glanz betrachtet sich da ganz,
wie wunderbar, wenn man von sich geblendet war,
man reibt sich gern die Augen, wenn sie zu etwas taugen –
wie ernst man vor den Spiegel tritt, bringt man sich selber dazu mit,
welch Schauspiel, dieses Ach vor einem Spiegel allgemach,
so ausgewählt und mit sich selbst gequält,
dies Spiegelbild, so wundermild,
nur um sich zu erleben, hochachtungsvoll sich preiszugeben –
ist man verständnisvoll versteht man schon, sich zu gestalten,
denn auch das Lachen hat sich öfter einen Bauch gehalten –
ein Spiegel, der meist treu und brav, ist einer, den das selbst betraf,
doch diesen Vorteil hat das Spiegelding:
es *spiegelt* nur, was in ihm Feuer fing,
und geht der Spiegler von ihm weg, ist es gereinigt von dem Fleck –
so zeigt der Spiegel, was man von sich hält,
als Gegenstück in der mit uns bestückten Welt –
ein Stein, der sich als Letzter vorbehalten,
beendete den Spiegel und sein spiegelndes Gestalten,
nun steht er vor dem Scherbenhaufen,
um ihn auf einem Jahrmarkt zu verkaufen –
es ward nicht mehr im Land bekannt, ob er den rechten Käufer fand.

---

ausgegoren

Wir sollten keinen Zweifel haben:
Der Mensch darf sich auch an sich selber laben,
so jedenfalls steht es geschrieben
beim In-sich-selbst-verlieben –
manch einer, der von sich gekostet,
wird vorher jedoch erst gemostet,
und dass er nicht sich selbst verloren,
zuvor mal richtig ausgegoren –
so mancher, der sich so vernommen,
ist dann auf den Geschmack gekommen,
und eine Zunge, über die man selber rinnt,
sich nicht zuletzt auch an sich selbst entsinnt –
manch einer ist wie neugeboren,
ist er mal richtig ausgegoren,
und welcher Wein wird sauer sein,
ist er mit sich in einem Fass allein?
man seinen Weg mit Ernst beschreitet,
ist man sich selber zubereitet –
letztendlich sei man auch gewillt,
dass man uns in ein Glas gefüllt,
und wenn dann noch die Sonne scheint,
hat man es gut mit sich gemeint,
der Kenner hält uns an das Licht
und spricht in seiner heil´gen Pflicht:
„Man schau sich diesen Tropfen an,
und was man davon halten kann,
füllt er denn nicht mit viel Applaus
den Raum von diesem Glase aus,
spricht er denn nicht in einem fort
ein göttlich heilig edles Wort:
Dass man sich an sich selbst belehrt,
wenn man sich einst als Wein erfährt,
wenn man sich ungetrübt
in seiner Klarheit höchsten Stand verliebt,
und dann der Kenner vor uns niederkniet,
weil er uns mit verliebten Augen sieht?" –

Man stimme froh in dieses Liedchen ein:
„Willst du getrunken sein, so werde Wein",
Gegebenheiten, die den Wein bereiten,
sind diese, die den Geist begleiten,
und jeder Tropfen, trunken noch vom Schmerz,
tropft mitten in des Trinkers Herz,
wo er versinkend dann erzählt,
dass er sich mit dem Licht vermählt.

In Wochen

Ein Knochen kam in Wochen,
lang lag er hingestreckt
mit Fleisch recht gründlich zugedeckt,
nur hier und da man etwas von ihm schimmern sah –
weil er sich so verliehn,
hat er ganz fürchterlich geschrien,
zwar bat ihn die Verleihung
recht höflich um Verzeihung,
doch wenn man sehr in Nöten ist,
man leicht solch Angebot vergisst –
der arme Knochen, so fleischlich sich verkrochen,
wie ist man sich doch nah,
wenn schmerzlich wieder da –
und allen ging´s durch Mark und Bein:
was da so schreit, kann nur ein Knochen sein –
gar manchem kam das Gliederreißen
bei diesen lauten Schmerzbeweisen,
und auch das Blut, das nebenher ihm floss,
erschreckt von dannen schoss –
rein vom Gefühl her zogen sich die Wochen in die Länge,
fast schon verjährt erklangen die Gesänge,
die Uhren standen fast schon still,
wenn es ein Schmerz im Knochen will,
das Blut verkündet diesen Jammer,
wenn heimgekehrt in seines Herzens Kammer,

auch andern Ort's man es erfährt,
was lauthals sich da so erklärt –
doch endlich nun, nach lang geschrienen Stunden,
erfuhr man rings, dass etwas stattgefunden:
dem Knochen, der so schmerzverloren,
war etwas neu hinzugeboren,
und in der ganzen Sippe
raunt man von einer neuen Rippe,
im Augenblick noch klein und schmächtig,
doch irgendwie schon evaträchtig,
man sah´s dem Rippchen jetzt schon an,
dass da etwas Besondres dran –
Herr Adam, der dem Ganzen nicht abhold,
hat auch etwas dazugewollt,
und eh man es so recht bedacht,
ward das Geschrei zum rechten Schluss gebracht –
man sieht, wenn man sie kommen sah:
Die Weiblichkeit ist einer Rippe nah –
manch alter Knochen hat später noch davon gesprochen.

Der Schatten

Man hat, man kann, man will, man tut –
das Ganze unter einem Hut,
denn wohlbehütet wird manches ausgebrütet –
wohlan denn Herz, nimm Abschied und gesunde,
schlägst du nicht weit von einer reichen Kunde,
was kündet mündet – was mündet bindet –
wem wäre nicht schon vorher klar, was alles in ihm möglich war:
der Schattenriss schon deutet an, was eine Sonne kann,
es dunkelt meist, wenn es wo funkelt,
die Nacht ist stets bedacht, dass einer in ihr wacht
und davon kündet, wie Licht in einem Dunkel mündet,
denn Schatten wollen sich mit Licht begatten –
wie ehrlich eine Reise ist, man meist an ihrem Schatten misst,
erst neulich sah ich einen, der in seinem Schatten ruhte,

daneben lag ein Herz im eignen Blute –
wie nah verwandt ist doch, was seinen Schatten fand.

Sammelbegriffe

Wie rosig sind die Zeiten, die uns ihr Blühn bereiten,
wohin man sieht, geschieht, was einem blüht,
Blatt setzt sich hinter Blatt und wird gerundet,
damit ein Name blumig mundet,
nun wird das Ganze noch gestielt
und zeigt, was es in sich enthielt –
und über allem trägt ein Zauberwort
uns duftend einen Namen fort
und raunt dem Ohre, das bestaunt –
das Auge sieht die Welt
als etwas Buntes, das gefällt,
und damit wär es abgetan,
wär nicht der Duft von einem Nebenan –
so eint ein Sinn die Sinne, wenn sie aufbewahren,
was ihnen wiesenreich als Blühen widerfahren.

Der Lern-Prozess

Es hielt sich eine Jungfrau sehr in Ehren,
um sich an diesem Zustand zu belehren –
so ward denn dieses Mägdelein
ein Wunderding mit Urlaubsschein,
so mancher tapfre Freier
besang sie ganz umsonst mit seiner Leier,
man wird nicht gern erhört,
wenn jemand sich an Jungfernschaft belehrt –
doch einer kam bei dieser Dame an,
der sich aufs rechte Lied besann,
da ist sie schmelzend hingesunken
und hat dem edlen Freiersmann gewunken,
ein Lied, das man recht lang geübt,
ist bei den Damen sehr beliebt,
wenn man als Mann vom Fach,
beehrt man uns mit einem Ach –
man sieht, auch Jungfernschaft ist nicht geheuer,
gerät man an den rechten Freier,
man wird als Jungfrau ausgesöhnt,
wenn man gesanglich uns verwöhnt –
noch lange konnte man die Dame sehn
mit einem Tuch am Fenster stehn,
der Sänger war nun schon entfernt,
die Jungfrau hatte ausgelernt.

---

unvermutet

„Denn morgen schon wirst du mit mir im Paradiese sein",
so sprach ein bessrer Herr zu einem armen Schwein –
dem armen Schwein ward darauf bange,
wie man als solches wohl dahin gelange,
denn Paradiese sind gedacht, dass sie sich gut bezahlt gemacht –
ein armes Schwein ist meist auf sich gestellt
in einer gut bezahlten Welt,
denn diese schaut verdutzt, wie man als Sau herausgeputzt –
was man am Schweine darf gewinnen, sitzt meistens weiter drinnen,
und was als Innen Speck, sieht man am Außen nur als Dreck,
das eben ist die Schwierigkeit, wenn man zu solchem Schritt bereit –
nicht jeder Herr, der sich für besser hält,
sieht mit geübtem Blick die Welt,
der uns're jedoch hatte schon Erfahrung
von eines Schweines inn'rer Aufbewahrung
und als geübter Esser berief er sich dabei aufs Messer,
denn solches hat, wie es auch sei, der gute Herr wohl stets dabei –
drum riet ihm eine inn're Pflicht,
dass man dem Schwein vom Paradiese spricht,
und welches Schwein fühlt sich da nicht geehrt,
wenn man mit ihm in dieser Form verkehrt –
doch kürzlich, als ich dort vorüberging,
sah ich dies Bild von einem Schweineding,
und wenn ich mich da recht entsann: ich glaub', es hatte Flügel dran,
und wie es hieß, war das ein Schwein im Paradies –
man wird es kaum verstehn:
der bess're Herr ward hier nicht mehr gesehn.

Spiel-technisch

„Was hältst du denn davon?", sprach das Davon zum Halten –
und dieses nun, als eigenständiges Gestalten,
verhielt sich, wenn man es so will, zuerst mal ziemlich still –
man wollte eben, weil man es so sollte,
man sieht, soweit man sehen kann,
dem Wollen gleich das Sollen an –
dies strebt, wenn eins ins andre webt,
dass man es auch an sich erlebt,
ganz einfach so als Immerfroh im Irgendwo –
wenn irgendwas geschieht, geschieht es meist auch irgendwo,
sodass es irgendwann auch etwas von sich halten kann –
‚Vom Können-Halten etwas halten können',
so will sich manches Ziel benennen,
dass, wenn es sich erst kannte, sich danach auch benannte –
so haben denn die Affen auch meist etwas mit sich zu schaffen:
vorausgesehn als späteres Dazuzustehn –
Verstehn gereicht uns von Verstandeswegen
denn auch zu größrem Segen,
dem man sich sehr verpflichtet fühlt,
wenn man mit sich begrifflich spielt –
Gelegenheit behält sich wohl auch vor,
dass etwas sich an sich verlor,
vermöge dessen und als Spiel mit dem Vergessen,
spieltechnisch im Gewinne, dass man sich seiner mal entsinne.

---

detailgetreu

Wie rührend ist doch einer anzusehn,
will er sich durch sich selbst verstehn,
denn es ist reine Ansichtssache,
was sich ein Kuchen aus sich selber mache –
es wären da noch die Rosinen,
die solchermaßen dem Geschmacke dienen,
ein jegliches trägt dazu bei,
dass man gekonnt am Platze sei,
denn rein geschmacklich ist man da,
ist man sich im Detaile nah –
sieht man sich erst detailgetreu,
man sich am Ganzen neu erfreu,
die Tat, wenn sie dazugetan,
spornt diesen Schritt zum Gehen an –
und wie gesagt, es sollt' der Kuchen
sich mal geschmacklich an sich selbst versuchen,
vielleicht wird ihm dann vorgeführt,
wie man ihn einstmals angerührt,
und dass er, was wohl klar,
daran etwas beteiligt war –
drum ist es sehr empfehlenswert,
wenn man auch mit sich selbst verkehrt,
man schenke solcherlei Betrachtung,
gekonnt dabei Beachtung,
so wird man schonenswert und mit Bedacht
sich selber einmal beigebracht.

Morgenland

Herr Sprunghans saß im engen Stübchen wie ein Feinsliebchen,
und unser Freund, nicht mehr versäumt,
befand sich hier ganz aufgeräumt,
und hatte sich als Koryphäe wie nie gekonnt in seiner Nähe,
so nah – so liebenswert – so immer da –
man sprach davon in Kennerkreisen,
um solcher Art sich zu beweisen,
dass man von diesem Morgenland
als Selbstverbrauch genug verstand –
wie sagenhaft ist doch die Rede,
wenn sie des Sagens Haftanstalt betrete,
wie fließt des Wortes Wundersaft
in eines Morgens Übungskraft,
und wie ist ein Herr Angenehm
von einer Kennerschar betont gesehn –
ist man in aufgetanen Kennermienen
in einer angeschauten Lust erschienen,
erscheint doch sehr beredt,
was man gekonnt davon versteht –
ein junger Freund, sprunghänsisch vorgemeint,
hat viel von diesem ausgerichtet,
was man ihm später angedichtet,
und wie der Sonne Strahl ihn in das Licht gebannt,
hat er auf seine Weise viel dazugenannt,
so aufgeklärt – so wohlbewährt,
wie man es nur in dieser Art erfährt –
es sprang denn unser Hans,
weil sprungbereit und ganz,
ins Auge als Betrachtungsweise
auf dieser morgendlichen Sonnenreise,
und man geruhte, ihm das nachzusagen,
von einer Kennerschaft hinzugetragen –
doch dieser Hans war als Verstehn
nur für sich selber vorgesehn,
und was man ihm hier nachgesagt,
war einzig nur für ihn gewagt,

und weil er sich so gut gelungen,
war bald er dieser Kennerschar entsprungen,
dem Studium einer Reise eingeschrieben,
ist er nun wegwärts nur sich selbst verblieben,
und seine Spur, den Lüften eingeschworen,
war lange Zeit in diesem Hauch verloren,
bis einer, der ihm nahe stand,
ein wenig davon wiederfand,
nun steht es auf- und eingeschrieben
und einer Nachwelt so verblieben.

Die Täuschung

„Soviel ich weiß, weiß ich schon viel",
sprach zu sich selbst das Kinderspiel –
„Ach hätt' ich doch, ach hätt' ich doch",
sprach einst ein Eben-noch –
so wird hier eingeräumt, was man als Eben-noch versäumt,
und wie man sich als Kinderspiel gefiel –
Dem Jahr, das etwas abseits stand,
war dieses Treiben wohlbekannt,
es ist wohl klar, dass es daran beteiligt war,
ein Jahr, wenn eingeräumt, sich meistens zeitlich träumt,
soweit man sein Geschehn im Traum gesehn –
ganz rational sieht man das Ganze nur als Wartesaal,
wer gibt schon einem Traum hier zeitlich Raum,
wer käme schon auf den Gedanken,
dass der Gedanke hier auf so was käme
und sich die Zeit rein räumlich nähme? –
Herr Souverän nahm dieses alles sehr bequem,
der Abstand, der von sich Gebrauch gemacht,
ist diesem Manne zugedacht,
wer den gedachten Abstand findet,
sich manche Sache überwindet,
nur ist man nicht sehr nah in dieser Sache da,
und etwas kühl spricht man von einem Kinderspiel –

das Karussell jedoch ist nur für diesen da,
der diese Welt in ihrem Kreislauf sah,
und während er auf einem Holzpferd saß,
macht ihm das Kinderspiel viel Spaß:
dass alles ihn umkreist, sagt der Gedanke, der ihn unterweist,
man sieht es an der Meinung, wie nah ihm die Erscheinung,
wie echt ihm doch das alles war, so erdenklar und wunderbar –
Doch eh er's recht bedenken kann, hält das gedrehte Fahrzeug an,
vorbei die kreisgedrehte Reise – jetzt locken andere Beweise,
das Außen und man selber stehen still, weil etwas anderes es will –
vorbei die kreisverliebte Spielerei,
man fragt sich, ob man noch derselbe sei –
ein Spiel zeigt seinen Ernst, damit du draus was lernst,
noch etwas im Gefühle regt sich das Kreisgespiele,
dann schweigt auch dieser Rest
und man vergisst, dass man dabei gewest –
und später, als ein Seher davon sprach, meint' man:
„Gemach, Gemach" – „so etwas kann es doch nicht geben:
ein Kreislauf als gedachtes Leben?
ich seh' nur, was ich seh', gleich hier in meiner Näh'" –
So wird vergang'nes und gelebtes Leben
ganz einfach preisgegeben,
nicht jeder, der auf seiner Reis',
bekommt als Seher einen Preis,
ein Karussell, das stillgestanden,
ist nun nicht mehr gedreht vorhanden,
die Scheibe nur den Töpfer preist,
wenn dieser sich an ihr beweist –
doch, so Gott will, steht jeder Kreislauf einmal still,
nur die Erinn'rung als Vermögen
gereicht dem Läufer dann zum Segen,
wie gut, wenn sich der brave Mann dann noch erinnern kann.

---

allgemein

Ein Bernstein hing an einer Zimmerwand,
wo er als Außen zur Verfügung stand –
natürlich war er nur ein Teil von dem,
was einem Auge angenehm,
in diesem ganzen Drum und Dran,
man sich nicht *einem* Stein entsann,
zu groß war hier das Angebot
im Glanze eines Abendrot –
so lag denn unser Stein sehr unbeachtet
aus seinem Meere wegverfrachtet,
ein Stein in einem großen Bilde,
umglänzt von eines Abends Milde –
von seinem Meer an Land gespült,
ward er vom Schicksal wo dazugefühlt,
und in des Glanzes Meisterschaft
erstrahlte er in seiner schönsten Pracht –
Ein Stein muss oft sehr allgemein
an einem Platze unter vielen sein,
doch ist er hier mit seines Glanzes Milde
am rechten Platz mit sich im Bilde –
Die Nacht hat dann das Ganze eingedunkelt,
am Himmel steht ein Stern, der unter vielen funkelt.

---

analytisch

Ein Institut war sehr bekanntermaßen das fürs Blut –
wenn dieses man dort abgegeben,
konnt' es sich gut geprüft erleben,
von seiner Herzlichkeit und Süße
erfuhr es durch die Analyse,
und es betrat das Glas der Re-a-genz
mit einem Schritte zur Audienz –
hier nun ward es gut durchgeschüttelt
und dabei etwas wachgerüttelt,
dann sah man durch das Mikroskop,
was sich vom Inhalt her daraus erhob –
was unter solchem Filter weilt,
wird inhaltlich dann mitgeteilt,
meist hat es einer nun gelesen,
der rein vom Blute her dabei gewesen –
der Süße, wenn sie in Betracht gezogen,
ist man vom Kreislauf her nicht sehr gewogen,
sodass man analytisch spricht:
In Zukunft üb' ich mehr Verzicht,
wenn man sich etwas vorbehält,
man dann auch dem Labor gefällt,
meist hat man sich verirrt,
wenn man an seiner Süße sauer wird.

Fressvergnügen

Ein Spatz geriet einst in Ekstase
im Pferdekot auf einer Straße,
er war hier, wie man sieht,
um mancherlei dabei bemüht:
so war ihm denn vom Magen
ein Wünschen aufgetragen,
das ihn, als er es dachte,
ganz kopflos machte,
denn meist hat weiter unten
solch Wünschen stattgefunden –
doch stattgegeben,
man muss es halt erleben,
ein Magenbrei bedingt das Tageseinerlei,
ich habe zugeschaut,
wie sich der Spatz daran erbaut,
es ist wohl klar,
dass er da nicht bei Stimme war –
beim Fressvergnügen
bleibt mancherlei daneben liegen,
wer singend sich begeistert,
das nicht im Kote meistert,
ihm wird, das kann man sagen,
was Bessres zugetragen,
er hebt sich aus dem Straßendreck
zu seines Flügels Lebenszweck
und fängt, so gut er eben kann,
sein Lied zu singen an –
man sei bemüht um das,
was uns nach oben zieht,
dort ist man allemal
allein in seinem Wahllokal
und darf erleben,
wie man sich stimmlich abgegeben.

---

ent-mannt

Die Haremsdame machte für sich selbst Reklame,
als eine unter vielen
möcht' sie mal mit sich selber spielen,
schon mancher ist auf sich hereingefallen
bei diesen Vielen allen –
der Sultan, der den Sinn beweist,
war augenblicklich mal verreist,
man höre und man staune:
Der Harem hielt sich selbst bei Laune,
die eine zeigt der andern ihr Gefühlchen,
und schon entsteht daraus ein Spielchen –
so sieht man, wenn man sehen kann:
Die Frau steht ab und zu mal ihren Mann,
vor allem, wenn der Herr nicht da,
und man als Frau sich selber nah –
so ward sich bunt gemischt
der ganze Harem aufgefrischt,
und manch Eunuche, der das angesehn,
konnt' seine Zeit nicht mehr verstehn,
obwohl er, wenn man's recht bedacht,
das auch sehr selten mal gemacht,
denn wer aus andern Gründen da,
ist seinen eignen nicht mehr nah –
so hat man denn als Liebesspiel
zum Ahnherrn meistens das Gefühl,
rein nichts mehr hat sich ab-gespielt,
wenn ein Eunuche nichts mehr an sich fühlt –
der Sultan, als ein kluger Mann,
sich schon im Voraus diesen Trick ersann,
nur dass er ihn an sich nicht ausprobiert,
weil solches kaum zu etwas führt –
doch sind oft selt'ne Knaben
für solchen Trick zu haben,
denn schaut man ungerührt den andern zu,
hat man im Innern seine eigne Ruh' –
dies zeigt der Stand-Punkt eines Mannes klar,

der nun nicht mehr der Alte war,
wer nichts mehr spürt, wird selten noch verführt –
ein kleines Teilchen, wenn man es entfernt,
macht, dass man was dazugelernt,
nur streiten sich nun die Gelehrten,
die diesen Trick verehrten,
wie weit ein so geplagter Mann
daraus auch etwas lernen kann,
hält der Vergleich doch nun als Möglichkeit
sich nicht mehr diesem Mann bereit,
ist ihm doch die Entscheidungskraft
durch diesen Schnitt hinweggerafft,
und stumpf und tot
betrachtet er der Liebe Morgenrot –
ob sich ein solcher Mann
noch mal an sich erinnern kann,
als er, wie wunderbar,
sein eigenes Geheimnis war?

Die Süße

Ein Kuchen durft' sich einstmals an sich selbst versuchen –
wie stand dem Kuchen nun der Sinn
versucht nach diesem Suchen hin,
wie ist man doch in sich verliebt,
wenn selbst sich im Geschmack geübt,
geschmacklich ist man sich anheim gestellt,
wenn man sich selbst in dieser Form gefällt –
Der Süße Schmelzpunkt ist oft überschritten,
hat man sich selbstgefällig selbst erlitten,
so heimlich nun in diesem Schmerz
verzehrte er sich bis ins Herz,
letztendlich sollte man nicht kleinlich sein,
ist man im Innersten mit sich allein –
So war es einstens denn geschehn,
weil man als Kuchen dafür vorgesehn,

man hat sich oft als Resümee
mit seiner Süße sehr in seiner Näh' –
der Kuchen nun, verformt in seines Leibes Rundung,
verfiel sehr zeitlich dieser Stundung,
wenn auch von außen her gekonnt betrachtet,
ward er von innen her hinweggeschmachtet –
nicht immer sieht man's einem Kuchen an,
dass er sich seiner selbst entsann,
und oftmals wird noch vorgeführt,
wenn einer sich in sich verliert –
nun dieser denn in seines Leibes Fülle
zerging in einer letzten Stille,
obwohl noch auf dem Tisch gestanden,
war er von innen her nicht mehr vorhanden,
und als man ihn denn essen tat,
fand mancher ihn ein wenig fad –
ein Kuchen, der sich innen selber aß,
rein äußerlich sich oft vergaß,
man passt mit solcher Schicksalsstunde
nicht mehr in eine Kaffeerunde.

Das Leib-Gericht

Die Weihe des Hauses ist die des Schmauses,
man lebt in Saus und Schmaus,
ist man zu Haus im eignen Haus –
es kann durchaus sehr nahrhaft sein,
ist man mit sich im Haus allein,
und gut ist, wenn man ja gesagt
zu dem, der sich dazugewagt –
man lade sich sehr herzlich ein,
will man mit sich zu Hause sein,
wem stände das Geschehn nicht gut,
wenn er es selber für sich selber tut? –
die Weihe mutet sehr persönlich an,
wenn sie als Haus sich ihrer selbst entsann –

und sehr versöhnlich hat man sich besessen,
wenn man sich schmausend aufgesessen,
hat man gerichtlich sich daran erwärmt,
man lange noch von dieser Mahlzeit schwärmt –
wer sich genug und gründlich kaut,
hat später dann sich gut verdaut,
man spricht aus dieses Urteils Pflicht
letztendlich auch vom Leibgericht.

Herzenslied

Es geht ein heimlich Rundgesang
von Herzen gern in unserm Blut entlang,
und immer, wenn er heimgekehrt,
ist er gereift von seinem Weg belehrt –
es kann dem Rundgesang als Lied nicht schaden,
wird er von einem Herzen eingeladen,
das Herz, obwohl durch zwei geteilt,
im Lied sich ins Vereinen eilt,
und was sich einst geteilt verlor,
singt nun vereint im Bruderchor,
und jeder, der es angehört,
wird liedhaft am Gesang belehrt –
wie ist das Blut von sich berauscht,
wenn es am eignen Herzen lauscht,
das Blut, wenn es sich ins Gefäß gefüllt,
wird ausgetrunken an sich selbst gestillt.

---

geschmeichelt

Ein Fels ward sehr getrost
von seinem Meer umtost,
weil es ein Stein sehr tröstlich findet,
wenn er sich mit dem Wasser schindet –
das Wasser aber, in Geduld gefasst,
ward diesem Felsen sehr zur Last,
und weil er zeitlich eingestundet,
hat dieses ihn dann abgerundet –
und später nun, nach endlos langen Stunden,
hat man von ihm nichts mehr gefunden,
nicht immer ist die weiche Nachbarschaft
für einen Fels sehr schmeichelhaft,
oft wird ein Fels zum Opferstein,
will er nicht mehr alleine sein.

---

drum und dran

Ein Wagen, der sich eine Stange hält,
wird hiermit in den Dienst gestellt,
die Stange ist gedacht,
dass sich derselbe lenkbar macht –
so wird er denn mit dem bekannt,
das man ihm noch davorgespannt,
die Spannung steigt,
wenn er sich seiner Stange neigt –
die wiederum ist gut gedacht,
wenn sie in seiner Mitte angebracht,
der Punkt, wenn er am Zuge ist,
sich gern in einer Mitte misst,
beidseitig gleicher Weite
steht man sich gut zur Seite
und rollt, wenn dazu noch das Rad gesollt –
die Mitte, wenn sie sich verlängert,
ist es, die eine Stange schwängert,

der Wagen trägt nun dazu bei,
dass etwas davon lenkbar sei –
so strebt des Wagens eigentlicher Sinn
nach dieser Mitte hin,
was sich dabei bewährt, ist das, was fährt –
um dieses alles zu gestalten,
muss sich die Mitte eine Stange halten,
nun zeigt das ganze Drum und Dran,
was man von dieser halten kann.

---

in Politur

Frisch aufpoliert
wird erst ein Glanz gespürt,
ein Ding, das glänzt,
nach außen sich ergänzt,
das Ganze erfährt man erst im Glanze,
denn glänzend wird man dargestellt,
wenn man dem Licht gefällt –
nun wäre das umsonst geschehn,
wenn es nicht einer angesehn,
ein Auge sich verwendet an dem,
was glänzend sich versendet,
so wird die Welt
als Glanz in Dienst gestellt –
wie wunderbar,
wenn man als Auge nicht geblendet war.

Das Gebot

„Zurück zu der Natur", so sprach die Reinheit pur –
die Reinheit, als Gebot der Stunde, ist wohl in aller Munde,
man ist sich zeitlich nah, wenn man in einem Munde da,
vertraulich ist das und erbaulich –
und letzten Endes auch beschaulich,
denn wie es einem Munde geht, man erst im Augenblick versteht –
man lebt dabei, mal ehrlich, doch auch sehr oft gefährlich,
ein jedes Wort verdingt sich diesem Ort,
so ganz natürlich und auch rein ausführlich –
wie wunderbar, dass jeder Mund an einem Kopfe war,
hier wird man erst, insonderheit, so recht gescheit,
und kann sich zum Ergötzen in diesen reinversetzen –
die Werkstatt sehr ver-lässlich scheint,
wenn sie mit ihrem Werk vereint,
es hält, was es ver-spricht, ver-spricht es, was es davon hält –
so wird man aufgeführt, weil man wo hergerührt,
und führt sich auch zum Glück darauf zurück –
platzrechtlich wird es nun erschlossen,
wenn es aus einem Mund geflossen,
wie gut, dass einer lauscht, wenn man mit einem Munde plauscht –
damit man nicht daran erkranke, schwebt über allem der Gedanke,
die Echtheit eines Wortes entbehrt so nicht des Ortes,
wo es im Vorfeld seiner Welt wird hergestellt,
um sich nicht mündlich zu verspäten, ist es dort angetreten –
das Porto wird bezahlt für einen Weg, den man sich ausgemalt,
nur eben rein hat man zu sein,
so lebt man in der Urteilskraft der Gönnerschaft
als Angebot der Stunde an unbeflecktem Munde.

Opfergang

„Ich lach' mich tot", sprach einst ein Abendrot,
und ward dann auch beim Untergehn
der Sonne schon nicht mehr gesehn –
man sieht, es ist oft solch Aspekt sogar im Abendrot versteckt,
es treibt die Heiterkeit es manchmal gar zu weit –
doch, Gott sei Dank, war das ein Opfergang,
wohl jeder sah, dass es dem Sterben nah –
„Ich denk, ich hör' nicht recht", so sprach der Abend im Gefecht,
denn jeder focht, wie er's vermocht,
doch sah man's auch dem Abend an:
er war ein angeschlag'ner Mann,
im Dämmern zählte er an seinen Lämmern,
um bei den Braven sanft dann zu entschlafen –
man sieht, nicht nur das Abendrot erlitt den Opfertod,
meist stirbt man im Verein und deshalb nicht allein,
denn was den einen so bewog, den andern nach sich zog –
das Leben ist nun mal All-abendlich ein Wartesaal:
kaum ward es wo genannt, es bald darauf entschwand,
doch noch in keinem Falle ward je das Leben einmal alle,
am Morgen steht es wieder als Verlieben
am Himmel aufgeschrieben,
und jeder, der es stehen sah, war der Eröffnung nah,
nur einer hatte sich verspätet, weil er das Sterben angebetet,
er hatte es versäumt, weil seinen Untergang erträumt,
doch mancher ist schon dem Erwachen nah,
wenn er sich träumend träumen sah.

Frau Trude

„Nun sei so gut und sei das Gute",
sprach einstens zu sich selbst Frau Trude –
Frau Trude war, als schöne Maid,
auch öfter zu sich selbst bereit,
und um sich selber nicht zu schaden,
hat sie sich selber so beraten –
man sieht doch gleich, was in uns steckt,
wenn man sich selber so entdeckt,
es lohnt, wenn man als eigne Braut
mit sich in einen Spiegel schaut,
dort sieht man, wenn man sehen kann,
dass an dem Bildnis etwas Gutes dran,
das Gute ist, mit seinen guten Gaben,
vor einem Spiegel stehend gut zu haben –
bist du auch nicht die Tante Trude,
versuch dich trotzdem mal als dieses Gute,
der Welt es spiegelnd gut gefällt,
wenn man sich selbst zum Besten hält.

---

beifällig

Es sah sich einst ein Markenzeichen
sehr anerkannt, weil unter seinesgleichen,
was Wunder, geht man als Gleiches unter Gleichen unter –
der Beifall fällt dem Gleichen bei,
damit das Gleiche sich gefällig sei,
wer sich in dieser Form ergeht,
weiß bestens, wie's um ihn als Gleiches steht –
hält man als Gleiches sich im Wie zum Besten,
gefällt man sich und seinen Gästen,
die Rolle, die man seinen Gästen spielt,
sei diesen Leuten vorgefühlt,
denn in dem Vorgefühl der Freude
erreicht man sich und seine Leute,

der Beifall, den man uns gespendet,
zeigt uns, dass man sich recht verwendet –
das Gleiche gleicht sich bestens ein,
will es als Gleiches unter Gleichen sein.

---

ergrimmt

Der Mensch ist oftmals sehr ergrimmt,
wenn ihn etwas bedenklich stimmt,
stimmt ihn bedenklich das Gedachte,
ist er ergrimmt, weil das ihn Sorgen machte,
das Machen, sorgt es sich um das Ergrimmte,
ist das Gedachte, das bedenklich stimmte –
drum stimme, wenn es auch bedenklich stimmt,
nicht mehr dem Denken zu, das dich ergrimmt.

---

altbewährt

Ein knorrig alter Baum, am Rande einer Wiese anzuschaun,
stand zeiterfahren seit einer Reihe schon von Jahren
am selben Platz, an selber Stelle,
gelangweilt als sein eigener Geselle,
und sah sich oft in seinen Träumen
den Platz und diese Stelle räumen –
ihm wuchsen dann zum Scheine
denn auch im Traum geträumte Beine,
die in der Folge der Erscheinung
von sich die allerbeste Meinung,
wenn sie gehoben und gesetzt
nicht eines Beines Zweck verletzt –
der Baum als Profitant
war profitiert mit diesem Gehn verwandt,
und kam nun traumgetränkt als sein Geselle
mit solcher Hilfe von der Wiesenstelle –
was man sich alles eingesteht,
wenn man sich so in einem Traum ergeht,
man könnte meinen,
der Baum verlegte sich nur noch aufs Träumen –
doch eh er´s recht bedacht,
war er schon wieder mal erwacht
und stand in morgendlicher Helle
an der schon lang bestand´nen Stelle
und ihm zu Füßen lag eine neu erblühte Wiesen,
und huldvoll, weil es grade Mai, sprach unser Baum:
„Es sei so, wie es immer sei" –
nun aus der so gewonnenen Erkenntnis
ward er sich selber zur Verschwendnis
und war noch lange, knorrig wunderschön,
an altbewährter Stelle anzusehn.

Ein Schweineleben

„Das darf doch wohl nicht wahr sein"
so sprach dereinst ein Sparschwein –
So einfach und so festgestellt
erscheint sich oft die Schweinewelt,
wo nimmt dies Schwein die Meinung her
und pflegt, um alles in der Welt, mit wem Verkehr? –
ein Schwein, das sich den Bauch gefüllt,
ist reiflich zum Entschluss gewillt
und liegt mit einer Lüge
denn auch in dieser Form im Kriege –
meist große Worte macht
wem eine Wahrheit zugedacht,
damit die Welt erfährt,
wo man als Redner hingehört –
doch mancher, ehrlich und gediegen,
hat sich darüber ausgeschwiegen,
ein Lächeln spielt um seinen Mund
in dieser seiner großen Stund',
etwas ironisch, was wohl klar,
er Zeuge dieses Schweines war –
ein Schwein, das kugelrund und fett,
befindet sich in dieser Form recht nett,
und wer es inhaltlich besehn
wird diese Haltung wohl verstehn –
die Wahrheit liebt den Schweinebauch
recht oft als bare Münze auch,
sehr fleißig ward dafür bezahlt,
dass man als dieses Bild gemalt –
die Frage ist des Staunens wert,
die man aus diesem Schwein erfährt,
die Wahrheit, die nicht wahr sein darf,
dabei wetzt sich ein Messer scharf,
so auch in diesem Falle
bei diesem Schwein im Schweinestalle:
ein Metzger schlich sich in das Stallgemach,
dem Schweine es das Herze brach,

ein Glöckchen sandte es mit viel Gebimmel
beflügelt in den Schweinehimmel,
die Frage, die man lang gehegt,
ward einem Gotte vorgelegt,
ein Schwein, das nach der Wahrheit fragt,
das hat dem Gotte zugesagt
und mit verständnisvoller Miene
sprach er auf seiner Himmelsbühne:
„Mein liebes Schwein, es ehrt dich sehr,
kommst du mit dieser Frage her,
doch einer Himmelsbraut
ein Gott zuerst ins Innen schaut,
in deinem Falle muss ich wohl gestehn,
dass ich dafür nicht vorgesehn" –
So ward das Schwein noch mal zurückgesandt
in sein verlornes Schweineland,
man sieht, man sei darauf bedacht,
was man im Himmel mitgebracht.

Der Grenzstein

Wo liegt geheimnisvoll das Haus,
das mit Applaus sich selbst gehört
und in Gesprächen noch davon erfährt,
dass es im Geist verreist
bis an die Grenzen dieser Welt,
so festgestellt dazugesellt,
als Meilenstein mit sich allein,
so aufgehoben in sich selbst verwoben,
als läge es bekannt und sich verwandt
und zielgerichtet sich verpflichtet
als etwas, das sich eingestand,
dass es sich selbst am Horizont gesichtet
seit langem schon wie einen Oberton,
der stimmlich aus der Rolle fällt
als Maßstab einer Anderswelt,
die einem Eid verschworen und auch prosperiert
ganz in sich selbst verloren immer nur sich selbst gebiert,
so fassungslos und ewig groß,
ein Traualtar, der aus Verstehn uns angesehn,
ein Schrein, ein Möbelklein als Urteilsschluss,
dass man sich kennen muss,
so aufgestellt in einer Wunderwelt,
der Ewigkeit zum Preise
in dieser aufgetanen Reise,
so fährtenreich, so spurengleich,
als die Gewähr von einem Nebenher ,
wovon man künden mag den lieben langen Tag.

Die Buhle

Das Urteil fiel recht glimpflich aus,
der Saal erbebte vom Applaus,
so war man sich denn wohlgewogen
und von sich selber angezogen –
Nun in der ersten Reihe saß auf einem Stuhle
die lang nicht mehr erwähnte Buhle,
ein festlich Kleid war ihr geglückt
auf ihrem Platze, stuhlbestückt,
wie sonderbar, dass ihr allein das Spiel gewidmet war –
obwohl der Saal gut ausgefüllt,
war sie in einem Glanze eingehüllt,
und oben auf der Bühne stand
ein Flügel, der ihr artverwandt –
mit viel Gefühl betrieb sich dort ein Fingerspiel
von einem Spieler, der sehr wunderbar
an diesem Spiel beteiligt war,
sein Spiel trank sich im Traume fort
von diesem Heiligtum, dem Flügelort –
wer mag der Spieler, wer die Buhle sein?
so fragte man sich allgemein –
was da in dieser Reihe saß,
war flügelgleich ein Ebenmaß
und wie in heil'ger Konkordanz ein Seelentanz,
so beiderseitig eingearmt und daran herzerwarmt –
Wenn einer dieses Spiel gefühlt,
hat man als Spieler nicht umsonst gespielt,
und so vereinigt in Allianz erfährt man beidbeseitet ganz,
was perspektivisch sich aus Tönen baut
und dann in seinen Himmel blaut –
Nun denn, als dieses Spiel geendigt war,
verlaufen seine Hörerschar,
saß noch die Buhle, eingesunken
aus diesem Hiersein fortgewunken,
und alles, was sich ihr verglichen,
blieb diesem Gleichnis weggewichen,
es schien die Buhle, im Gefühl vereint,

ein letztes Bild, das nur sich selber meint –
und über allem schwebte wunderbar
ein Lied, das nur noch ein Gedanke war,
geheiligt in Symbiose,
wie einst der Sonnenschein mit seiner Rose.

---

schauerlich

Ein Schauer, der genug geschauert,
ward später von sich aufgelauert –
systemgerührt ward er sich selbst ins Feld geführt,
er sollt' sich Red' und Antwort stehn
als solcher und Nachhausegehn –
der erste Schritt war schon getan
nach Hause, in sein Nebenan
und an der Grenze, wie gewollt,
ward etwas noch von ihm verzollt –
mit solch Gepflogenheiten
muss sich ein Schauer *auch* den Weg bereiten,
und unser Schauer als ein Schlauer
nahm es damit denn auch genauer,
hautnah hat er dort dargelegt,
womit sich sonst ein Schauer pflegt ,
so nahm er sich denn in die Kur,
begrenzt und auf der eignen Spur –
gar manch begrenzte Erdenbraut
bekam jetzt eine Gänsehaut,
und mancher war es nahgegangen,
als ihr der Schauer angefangen,
so bräutlich häutlich und an sich so deutlich –
doch ward die Grenze nun bald überschritten
von diesem Schauer, der dann ausgelitten,
hier war kein Tier mehr, das sich gänslich eingehäutet,
und somit unser Schauer abgebräutet –
jedoch, der Schauer war sich noch vorhanden,
nur eben nicht am Außen zugestanden,

in-ständig und als Bitte
traf er sich bald in seiner Mitte,
und ward dort sehr begehrlich,
weil sich als Außen nun entbehrlich.

Das rechte Los

„Neugierig bin ich, ob ich einst gezogen bin",
sprach zu sich selbst der Hauptgewinn,
man hatte diesem eingeredet,
dass er beim Ziehen sich verspätet,
die Ziehung findet meistens statt,
wenn man genug Bewerber hat –
so lag denn unser Los vermieden
in einem Korbe voll verborg'ner Nieten,
und mancher Zieher zog mal eben
die Niete, die grad lag daneben –
das Ganze nun geschah sehr offen
und von jedermann zu sehn,
so auch von einem,
der als Wandrer grade im Vorübergehn,
der kannte noch von früher her
den so gezognen Glücksverkehr –
er hatte längst bewusst Ade gesagt
und sich auf Beinen fortgewagt,
und diese Losezieherei war weggedacht,
vergessen und vorbei,
er war jetzt auf dem Weg zu Haus,
allein, und nur sich selbst Applaus –
wer nächtlich unter Sternen wandelt,
ist einer, der gern von sich selber handelt,
denn jeder Stern lebt mittendrin
sich selber als ein Hauptgewinn,
nicht irgendwo im Los versteckt
und dann papierlich zugedeckt,
in einem stillen Lichterglanze

geht er als Hauptgewinn mit sich aufs Ganze –
und immer immer wieder
kniet unser Wandersmann darunter nieder
mit hocherhob'nem Kennerblick
im unbezahlbar reichen Sternenglück –
jetzt nun an diesen Rand gestellt
und dieser Ziehung zugesellt,
wo Nieten ganze Körbe füllen,
um eines Ziehers Lust zu stillen,
sieht er mit Blicken, ironieverspielt,
wie man in den Gefäßen wühlt,
weil man bezahlt sich etwas ausgemalt,
und mittendrin der Hauptgewinn,
versteckt mit seinem Wundersinn –
wie kläglich ist doch dieses Spiel,
fernab vom nächtlich Sterngewühl,
erbärmlich, sich mit vielen Nieten
als Hauptgewinn dort anzubieten –
vom Nietenspiele angewidert,
ging unser Wandersmann nun, neu befiedert,
auf alten, glückserprobten Wegen
als Wandelstern der heimlich dunkeln Nacht entgegen,
und ward, man wird das wohl verstehn,
seit längerem nicht mehr gesehn.

Blick-Vehikel

Sich selbst im Auge zu behalten,
so wollte sich ein Blick gestalten,
jedoch, es fand das Auge solchen Blick
nicht eben schick, ihm läge mehr daran,
dass man als Blick was sehen kann –
so wird man wohl verstehn,
dass man als Blick sich umgesehn,
der Blick, sich selbst getreu,
gestaltet so das Auge neu
und bleibt sich nicht gestohlen,
wenn so empfohlen –
mit Blicken zugedeckt,
ist oft ein Gegenstand erschreckt,
man fühlt sich vorgeführt,
wenn man sich an den Blick verliert –
der Blick hat ihn als Weitersagen dann davongetragen,
so kehrt er selbstgefällig, weltgesellig wieder heim,
geht durch das Augenkämmerlein,
um weiter hinten sich nun vorzufinden –
dort eben beginnt des Blickes eigentliches Leben,
wo er verwandelt dann von sich und andern Dingen handelt,
so wie ein Buch, das abgelesen,
letztendlich auch dabei gewesen –
obwohl den Blick man nie gesehn,
wird man sein Mitgebrachtes doch verstehn,
denn Bild um Bild auf Blicken von den Dingen flieht,
davongetragen durch ein Weitersagen,
dem man ein Plätzchen freigehalten,
um seine Ankunft zu gestalten –
so wird man als ein Bild von Welt erst einmal abgestellt,
so will's der Kapitän, der für den Vorgang vorgesehn –
doch, wie gewohnt, das Bild man hier nicht schont:
zerlegt und dem Detail getreu,
spricht einer nun: „Ich bin so frei",
natürlich, wie mir scheint,
als diese Freiheit, die man selber meint –

nun endlich wird das Bild
von diesem Interpreten eingewiesen
und schaut als Analytikum sich in den Räumen um,
die schon mit Bildern vollgestellt
aus einer Vor-gestellten Welt –
hier sah das Bild in diesen Weihestunden
sich oftmals schon als eingefunden
und hat vergleichend Stand-gehalten,
um sich als Raster zu gestalten –
ein Bildsinn, der als Sinnbild zur Verfügung stand,
wird so erkannt genannt
und wird wortwörtlich ab diesem Orte örtlich –
man hat sich den Prozess gemacht,
wenn dem Verstehen zugedacht,
damit man hier als aus-gelegte Ware
den eignen Preis erfahre –
so wird man fort-an gut gepflegt,
wenn einem Blicke auferlegt
und darf als Weitersagen den tiefern Sinn erfragen,
die Antwort steht als neues Kleid
dem alten Bilde schon bereit –
dem Auge war das, wie fatal, letztendlich sehr egal,
man zeugt von dem, was man beäugt,
doch wird dem Auge dabei klar,
dass es nur ein Vehikel war,
das blickdurchrauscht mit seinen Bildern plauscht.

---

horizontal

Der Horizont schien in sich selbst gesonnt,
nur fehlte ihm als Hirn die Sonne als Zentralgestirn –
die Sonne hatte ihn als Unterfangen zeitweilig hintergangen,
und was er nicht mehr sieht, dem Seher nicht geschieht,
er schaut am liebsten das, woran er sich erbaut –
so liebt er ein System totalitär und angenehm,
und alles, was man ihm erzählt, erklingt ihm nur gequält –
das Auge sich erbaut an dem, was es sich angeschaut,
illusionär nützt ihm kein Blickverkehr,
Realität ist ihm nur das, was es versteht,
des Blickes Lustgemisch hält sich nur an den Dingen frisch –
der Sonne, wenn sie weggesunken,
hat schlechterdings ein Aug' gewunken,
ein Ding macht im Verkehr viel von sich her
und geht auf blickgetränkten Wegen dem Aug' entgegen –
unwiederholbar ist man so und neu dem Auge treu,
was nicht mehr da, ist keinem Auge nah –
so ist die Augenwelt auf dessen Horizont gestellt,
bis dort hin und nicht weiter bleibt man als Auge heiter,
kaum wird vermisst, was noch dahinter ist –
so lebt man ruhig und in Frieden
durch das, was man als Aug' vermieden,
und schaut entsprechend dem, was einem Auge angenehm.

---

sich zugestanden

Weil man sich seiner selbst entsann,
fängt irgendwann das Leben an,
und man verstieß sich aus dem Paradies –
und brühwarm wird uns nun erzählt,
dass man sich mit sich selbst vermählt,
um mit Verlaub zu sagen:
man ist sich selber angetragen,
was sich daraus erklärt,
dass man sich wieder jährt –
so hebt man denn hervor,
dass man sich eh'mals mal verlor,
und dass man nach gewissen Stunden
sich wieder mal hier eingefunden –
man hat so als Befehlserlass
mal wieder einen Reisepass
und zeigt sich selber redlich klar,
dass man be-grenzt vorhanden war –
man wird verkehrt beseitet
sich als ein Spiegel zubereitet,
hat man sich lang genug gespiegelt,
wird dieser zugeriegelt –
nun wird es, weil man es so will,
um diesen Spiegel wieder still,
und wie der Spiegel uns zum Gruße stand,
er nun auf länger wieder mal entschwand –
Wie man so nebenbei erfährt,
hat sich die Spiegelschau schon oft bewährt,
man hätte nichts davon vernommen,
wär man nicht selber angekommen,
und ist es denn nicht traumhaft schön,
so wieder mal nach Haus zu gehn?

Der Schmerzensmann

So stellen sie sich diese Lage vor:
sie sitzen brav in einem Kirchenchor
und sehen diese Chorbedingung
recht stationär in ihrer Liedbesingung –
das Innen und das Außen flüstern abgestimmt,
wie man den Gipfel des Gesangs erglimmt,
und diesem allen steht mit Zauberei
des Chores Leiter dirigierend bei,
ein Umstand, der umstanden zeigt,
dass man dem Ganzen zugeneigt –
dann in der Hand, als Zeichen seiner Kunst,
vibriert ein Stöcklein durch der Töne Dunst
und zeigt uns als Gelegenheit
das Kunstwerk seiner Sichtbarkeit,
gewandt in seiner Kurven Linienspiel,
bezeichnet es des Meisters Taktgefühl,
unfehlbar in der Gestik Schauspieltreue,
damit sich auch das Auge dran erfreue –
dazu gab noch das Wachstum der Natur
dem Dirigenten Stattlichkeit in der Statur,
was diesem denn auch gut gestanden,
weil sichtbar äußerlich vorhanden –
um dieses Bild als Ganzes abzurunden,
hat man den Mann in Frack und Weste vorgefunden,
denn mancher macht sein Meisterstück
erst eingehüllt in dieses Kleidungsglück –
Die Chorkunst ward nun bald beendet,
dem Herrn im Frack auch noch Applaus gespendet,
worauf sich Publikum und Sangeschor
als Heimweg aus dem hohen Haus verlor,
auch starb das Licht in eines Dunkels Schweigen,
verklungen noch geahnt der Töne Reigen –
Doch etwas abseits diesem Prachtgebilde,
in seines Dämmerlichtes zarter Milde,
hing aufgekreuzt vor eines Altars Thron

in Holz geschnitzt das Ebenbild von einem Gottessohn,
in seiner Nacktheit nur mit einem Schurz bekleidet,
der aus der Notdurft Enge für ihn zubereitet –
ein Schmerzensmann ist oft an einem Kreuz vorhanden,
das man vor langer Zeit ihm zugestanden –
doch dann geschah das Wunder aller Wunder:
er stieg bewegt von seinem Kreuz herunter,
von innen her mit einem stillen Glanz versehen,
sah man den Schmerzensmann von dannen gehen.

Flügelkunde

Es stahl sich einst ein armes Schwein
weit weg und ohne Urlaubsschein –
am Ende seiner Welt sah man es wieder,
mit Flügeln dran und mit Gefieder –
das Schwein war also avanciert
zu dem, das ihm am Schluss gebührt –
obwohl rein vom Gewicht ein schwerer Brocken,
sah man es flügelleicht hier nun frohlocken,
fast war da schon von Eleganz die Rede,
so atmosphärisch schien die Himmelsfete,
und auch ein Journalist, der eben grad vorhanden,
hat es in seinem Blatte zugestanden,
dass himmelwärts die alte Sau
auch schon als Bildgewinn 'ne tolle Frau,
und tränenrührig ward manch Blick geweitet
von diesem Traumbild, himmlisch zubereitet –
sehr oft ist nächtlich traumverklärt,
was man aus einer Zeitung früh erfährt,
manch einer schaut verwundert drein,
liest er von diesem Urlaubsschwein,
und tröstlich er's hinzuempfindet,
dass auch ein Schwein sich schlusseffektlich überwindet
zu diesem Schritte, den man oft mit Bangen
rein vom Gedanken her zu denken angefangen –

man sieht, dass sich die Mühe lohnt,
wenn man sich morgendlich nicht mehr verschont
und frohgemut das Blatt entfaltet,
weil so sich neu der Tag gestaltet –
im Blätterwald singt oft ein Vögelein,
das früher noch ein armes Schwein,
und lesend kann man sich dazugewinnen,
bedenkt man es von weiter drinnen –
so wird ein Mensch mit Zeitungssinn
tagtäglich sich zum Hauptgewinn.

Stellen-Gesuch

Ein Floh saß recht vergnügt und froh
an einer Stelle, die wohl gut bekannt,
doch die man nicht so gern genannt –
aus Anlass seiner Flitterwochen
war er vor läng'rer Zeit dort hingekrochen,
und auch die Braut
war sehr von diesem Platz erbaut –
gemeinhin lassen die Int'ressen
so mancherlei dabei vergessen
aus gutem Grunde in so hoher Stunde –
der Platz sei gut gewählt,
an dem man sich vermählt,
so findet jedes Tierchen sein Pläsierchen –
Der Wirt, bei dem das Ganze stattgefunden,
war nicht erbaut von diesen Wonnestunden,
weil er dem Jubelpaar nicht gut gesonnen war –
so wird das Liebesleben oft gestört
von einem, der nicht recht dazugehört –
der Gast sei nun auf mancherlei von dem gefasst,
vor allem, wenn als Konterfei noch seine Braut dabei –
grad bei so jungvermählten Damen
fällt man nicht gerne aus dem Rahmen,
denn solch ein Frauenzimmer

erlebt das alles noch viel schlimmer,
dieweil das Weibliche der Haut
sensibel und aus Zartheit aufgebaut,
der Umstand ist entsprechend neu,
hat man die schöne Braut dabei –
anbei sei hier nun wohlbedacht,
was solchermaßen angebracht:
man helfe sich bei diesen Dingen
mit gut gelung'nen Freudensprüngen,
denn was gekonnt geführt,
ist das, was eine Braut berührt,
die Flohfrau zeigt Verständnis
für solcherlei Verwendnis,
man sieht, für eine Hochzeitsreise
bezahlt man angemess'ne Preise –
das junge Paar letztendlich doch zufrieden war,
weil man als Wirt nicht gerne juckt
dort, wo noch einer zugeguckt –
es kommt nur auf die Platzwahl an,
und ob man sich das leisten kann.

Regie

Ein Spieler, sehr von altem Adel, der spielte im Komödienstadel,
die Rolle stellte einen dar, der mit sich selbst identisch war –
Wie war der Kerl dort hingeraten, und warum eingeladen? –
gern spricht man, dass man ihn verpflichtet,
und dass er dort was ausgerichtet –
wie dumm – es gab dort auch das Publikum,
und diese Welt, die man dort dargestellt,
man möchte lachen, sich eine Freude machen,
weil man bezahlt für das, was man sich ausgemalt –
Nun war da dieser Ritter, der aussah wie ein Leichenbitter,
und der nicht wusste, wie ihm jetzt geschah, als er der Bühne nah –
der Regisseur, als Mann von Welt, hatt' ihm den Auftritt nah gestellt,
es kann nicht schaden, wenn man zu solchem Spiele vorgeladen,
weil man dabei vergisst, wer man mal war und wer man ist,
der Rittersmann war ganz vertieft in diese Rolle, die verbrieft –
da sieht man wieder, was man spielend sah:
ein echter Spieler ist der Rolle nah,
doch mancher Lauscher fühlt: das Ganze ist doch nur gespielt,
und maskentreu bestätigt sich aufs neu:
Das Gastspiel zeigt das Spiel von einem Gast,
man sei darauf im Publikum gefasst –
Für mich sei noch dazugesagt:
Man applaudiere dem, der sich dort hingewagt.

Splitter

Wessen ist das Vergessen,
hat es sich selber besessen? –
insonderheit das Medium Zeit
bediente sich einst als Vergessenheit –
was bleibt noch übrig,
wenn man zeitbesessen sich dann selbst vergessen? –
wo fließen die Gedanken hin,
wenn sie Vergessenheit im Sinn? –
wo wird man solcher Art sich selber aufbewahrt? –

der Sieg

Stilecht wird man sich selbst gerecht,
es zog einst einer in den Krieg, stilecht und voller Sieg –
herkömmlich und in diesem Sinne man seinen Krieg gewinne,
doch man beachte, wenn man streite, die andre Seite,
zweiseitig ist so manches Schwert,
wenn es mit sich als Krieg verkehrt –
auf jeden Fall wird eine von den Seiten uns ihren Sieg bereiten,
die Zuversicht verhilft dem Kampf zu neuer Pflicht,
es gilt bei allen Kriegen, sich selber zu besiegen.

der Spaß

„Das wär doch was", sprach die Gewähr zum Spaß –
der Spaß, als ein vollkomm'ner Mann,
hört sich die Rede sehr gelassen an und spricht:
„Ich weiß zwar nicht, was sie gemeint,
doch wie mir scheint, meint man es hier mal ehrlich –
da solches auch dem Spaße nicht entbehrlich,
werd' ich die Frage in Erwägung ziehen,
denn oft wird solche als Geheimnis uns verliehen" –
seit dieser Zeit hält unser Spaß auch Ernsteres für uns bereit
und hat als Mann von Welt so mancherlei in Frage sich gestellt.

sich selbst

Ganz um der Ordnung halber ging die Ordnung dazu über
und hatte sich als Ganzes lieber –
da sieht man nun, wohin es führt,
wenn man sich selber aufgespürt,
die Glocke, wenn sie etwas läuten hört,
fühlt sich dann meistens sehr geehrt –
der Ton macht eben die Musik,
hat diese ihren Sänger lieb.

ureigenst

Die Frage, wenn sie an sich selbst gestellt,
enthält ureigenst ihre tiefre Welt –
man präge sich die Antwort ein,
ist man als Frage mal mit sich allein,
denn eine Götterstunde
spricht meistens aus dem eignen Munde –
der Mehrwertsteuer
war das in diesem Falle nicht geheuer,
doch, Spaß beiseite,
ein Gott hat eben an sich selber Freude,
er liebt hier nicht die Abenteuer
von dieser Mehrwertsteuer,
weil er sich selber wert und teuer.

derselbe

Wie sonderbar, dass man hier immer nur derselbe war –
man wäre eingeglichen doch etwas von sich abgewichen,
obwohl das wohl der Preis von unsrer Reis´ -
das Schicksal stellt so mancherlei in Frage,
wenn man als Frage sich ihm stellt,
wie gut, dass man als Antwort auch sich selbst enthält.

Vererbung

Die Pflaume, die von sich begeistert war,
wuchs einst an einem Baume wunderbar,
der Baum, obwohl schon recht betagt,
hat dem Ver-Hängnis zugesagt,
ein Baum, mit Wurzeln und mit Ast,
sei auf solch süße Last gefasst –
die Pflaume, und noch mehr ihr Kern,
vererben den getreuen Herrn,
in Treue fest ist man als Stammbaum stets dabei gewest.

getreu

Der Maßstab, der sich selber treu,
sich an dem eignen Maß erfreu´,
getreulich ist ein Maßstab stets von neulich,
auch wenn er es vergaß:
er lebt getreu dem *eignen* Maß.

mit Bedacht

Es ist sehr angebracht, dass man dem Denken zugedacht,
und weil man sich, was man beachte,
dabei auch öfter mal was dachte –
doch sieht man jetzt bald ein,
dass man gedanklich nicht allein,
und deshalb sei bedacht,
was hier als Denken angebracht –
man sieht es nicht sehr gern,
steht man den andern denkend fern,
am besten lässt sich das gestalten,
was man den andern vorbehalten,
es lebt sich sehr bequem,
ist man gedanklich angenehm,
gut, wenn man jetzt nicht vergisst,
wer man, rein in Gedanken, ist.

Zweck-mäßig

Der Dämpfer war ein alter Kämpfer,
damit er seiner Geige
auch etwas von sich zeige –
der Zweck ist, wenn als Mäßigkeit,
sehr gern zu diesem Schritt bereit,
nur tut es kaum dem Spiele gut,
wenn man die Geige dämpfen tut.

der Gewinn

Ein Stützpunkt, der sich auf sich selber stützt, ist sehr gewitzt –
ein Losverkäufer, der in Eifer, war sich sehr gewogen,
als er bei sich das große Los gezogen –
wen wundert's, dass er über Nacht
den Laden zugemacht –
ein Schild, das an der Türe angebracht,
war seinem Lose zugedacht,
worauf denn auch geschrieben stand,
dass er mit diesem Los verwandt.

mit Vorsicht

Es war einst einer sein eigener Designer,
wie strahlte alles ihm in Harmonie,
die er sich selbst und sehr gekonnt verlieh –
doch nicht gleich auf den ersten Blick
fand man den edlen Burschen schick,
rein fachlich sei da noch gesagt:
Es hat sich mancher sehr mit ihm geplagt –
dieweil er recht bei Sinnen, trug er das Ganze weiter innen,
man wird nicht gern geblendet, wenn einer seinen Glanz vollendet –
der kluge Mann trägt solcherlei nicht außen dran,
ihm wird es zur Genüge, dass man sich mehr von innen her besiege,
zeigt man sich außen allgemein, wird man mit uns zufrieden sein.

mit Nachsicht

Ein Baum verkündete mit Stolz: Er sei aus einem edlen Holz,
doch was der Baum als Außen dran,
uns davon nicht viel künden kann –
nur der, der diesen Fall studiert,
wird in das Innere geführt,
er sieht mit Kennerblick
des Baumes inn'res Glück –
nun ward der Baum sehr bald zerlegt,
ganz einfach, weil er abgesägt,
er zeigt sich jetzt in einem andern Raum,
dort kennt man seinen Namen kaum –
hier nun hat er hervorgekehrt,
was ihm von innen her gehört,
nicht immer zeigt sich an der Haut,
was noch darunter aufgebaut –
da sieht man's eben: Man muss das Ding von innen her erleben.

gläsern

Konvex – konkav – die Linse auch sich selbst betraf,
denn die besondre Affinität man so viel besser versteht,
wenn sich auch der, der sie durchschaut, vor dieser aufgebaut –
die besondre Pflicht geschieht in ihr als Licht,
in ihrer Klarheit wird seine Eigenschaft zur Wahrheit –
was fließt, kann sich das leisten,
der Durchfluss darf an seiner Statt sich solcher Art erdreisten –
ob es gebündelt, ob gestreut – Licht hat noch nie gereut,
stets wird ein Göttermund durch Licht zu seiner größten Stund´ –
wie wunderbar, wenn man als Aug´ daran beteiligt war.

Der Gast

Es saß einst einer im Café, allein, so ganz per se,
und mit zerstreuten Blicken tat er dem einen, andern nicken,
so wie man blickt, wenn man ein wenig eingenickt –
ein kleiner Tisch, mit runder Platte, die er seit längrem hatte,
aus Marmor, weiß, und von weit hergeholt,
aus einem Bruche abgepolt,
sehr klein, grad', um daran allein zu sein –
Wie sich's so traf, versank der Gast im Schlaf,
wohl nicht ganz ungewöhnlich,
an einem Tische, selbstversöhnlich,
und manches Bild, das er im Traum erhascht,
hat von dem Träumer dann genascht –
Erinnern, wenn es wachgehalten,
will sich im Traume nachgestalten,
gebührend und ihm selbst gekommen,
wenn er im Traume Platz genommen,
es scheint begrüßenswert, wenn man am Tische so verfährt –
ein Hauch von Nostalgie sich ihm verlieh,
ein Lächeln, zu gegeb'ner Stund',
spielt noch um seinen Mund,
selbstredend im Gespräch vertieft,
ein Wort, aus alter Zeit verbrieft –
So saß er eine Weile da,
sich selber und dem Worte nah,
bis dass ihn ein Geräusch gestört
und er mit Träumen aufgehört –
der Kopf erhob sich mit Gewalt
nun wieder in die Wachgestalt,
der Blick geht prüfend in die Runde,
liest an der Uhr die dargestellte Stunde,
dann kehrt er wieder heim,
um nah und in sich selbst zu sein –
vor sich die runde Platte,
aus Marmor weiß, die er schon vorher hatte,
ein Punkt, ein Platz, für ihn bestellt in dieser Welt,
Konglomerat, und wie mir scheint, so nur für ihn geeint –

und ich verstand, wo er sich träumend grad' befand,
es war die viel gerühmte heile Welt,
in die man träumend manchmal fällt,
und kaum wird es bedacht,
dass man schon wieder mal erwacht –
Ich sah den Gast schon bald nach Hause gehn,
er hat wie schwebend ausgesehn,
ich glaub', der gute Mann, er hatte Flügel dran –
so wird uns, traumverloren,
manchmal ein Engel hergeboren,
nur dass, man wird das wohl verstehn,
nicht jeder ihn gesehn.

---

gesetzt den Fall

Ein Segel wird, wenn es gesetzt,
mit Schiff und Sturm durch seine Zeit gehetzt –
gesetzt den Fall, die beiden würden einmal all,
dem Segel wäre das nun mal
letztendlich doch fatal –
ein Zweck wird erst erreicht,
wenn man sich unzweckmäßig auch vergleicht,
ein Span hat oft ein Ferkel dran,
wenn er sich seines Zweck's entsann.

---

hinzugeladen

Es wurde einst ein Sonntagsbraten
zu Mittag an den Tisch geladen –
ein Teller, der dort zur Verfügung stand,
ward nun sein ganzes Heimatland –
damit es seinem Gott erbarm,
lag er auf diesem wohlig warm,
doch ward der Zustand bald vergessen
dank höherer Int'ressen –
ein Mensch, vom Appetit her grad in Wochen,
hat diesen Braten schon gerochen,
man lebt nicht lange friedlich und bestellt,
wenn sich ein Mensch hinzugesellt –
war es in diesem Fall auch nur ein Hasenbraten,
man achte, wen man noch hinzugeladen.

Zugpunkt

Dem Wagen sei nicht bange,
hält er sich eine Stange,
ein Sprichwort, wenn es spruchreif wird,
sich an den Wagen schirrt,
ein Pferd ist seiner wert,
wenn es sich so verehrt,
der Wagen, wenn gezogen,
ist seinem Pferd gewogen –
der Kutscher, wenn er droben saß,
gibt diesem Fuhrwerk erst das rechte Maß,
das Werk, wenn es von sich erfuhr,
verfolgt die maßgerechte Spur,
die es dort hingeführt,
wo es mal hergerührt –
der Zugpunkt hält sich einen Wagen,
um es der Stange und dem Pferd zu sagen,
am Ziele sich das Ganze misst,
wenn es auf seinem Wege ist,
wo sich letztendlich denn beweist,
dass man seit längrem schon verreist.

---

weitläufig

Herr Leberkusen wollt´ mit der Leber schmusen,
die Leber war zum Glück sein bestes Stück –
ein Bratwurststand war mit dem edlen Herrn verwandt,
weitschweifig und weitläufig,
weil sich auf sich beläuft, was sich als Vorgang häuft –
der Herr war, als ein Lebemann, sehr davon angetan,
was man daraus entnehmen kann –
ein Herr, der so vollkommen, hat sich auch meistens ernstgenommen
und führt sein Ach in sein geplagtes Schlafgemach,
nacht-nächtlich kehrt man heim, wenn man als solcher nicht allein –
in etwa so wird man dann an sich selber froh,
es kann nicht schaden, ist man mal nächtlich vorgeladen –
ein Prüfstand stand dem Herrn sehr nah,
wenn er sich nächtlich dunkel sah,
manch Lebemann sich nachts erst seiner selbst entsann,
denn häufig und zum Glück ist man auch nachts sein bestes Stück
und tritt dann ohne Frage auch nachts damit zutage –
Gesellschaft hält als Fähigkeit
sich selbst auch noch des nachts bereit,
wodurch sich gut bemisst, woran man mit sich selber ist –
damit man weiter sich erfreue, hält man sich wohlgemut die Treue
und ist sich nah, wenn man sich selbst des nachts geschah –
man hält sehr viel von dem, was man hier von sich hält,
und so gestaltet sich die Welt
ein Würstchen, das sonst sehr alltäglich,
wird erst des nachts den Herren pfleglich,
wer dieser Wurst des Nachts gedacht, ward um den Schlaf gebracht –
das wäre noch zu sagen, wenn man sich wurstlich zugetragen –
um sich nicht ganz umsonst zu schinden,
muss man Gefallen an sich selber finden,
was man sich zugetraut, ist das, was man des nachts verdaut,
wie wunderbar, wenn man dann selbst an sich beteiligt war.

Vor-Gabe

Wo nähme man das Wörtchen Liebe her,
wenn nicht vom Selbstverkehr? –
der Innenarchitekt ist in sich selbst versteckt,
hier nun, in diesem Haus,
verschafft er sich Applaus,
auch dort versteht er sich aufs Wort –
die Sprache, wenn sie nachgefragt,
hat sich dort drinnen etwas vorgesagt,
denn alles, was man hier erklärlich findet,
sich diesem Innen überwindet,
und alles, was dem Ohre flüstert,
ist diesem Innenraum verschwistert,
und jeder Start ist sich als solcher dorten aufbewahrt,
so auch zum Glück führt jeder Schluss dorthin zurück.

Von Fall zu Fall

Ein Blätternest in einem hohen Baum –
dort endet meist ein Affentraum,
noch nie hat solch ein Aff' die Zeit verschlafen,
wenn sie sich morgens wieder trafen,
nie wird es als Gespräch geführt,
wenn man sich mal im Traum verliert,
ein Affe denkt nicht voller Sorgen
an seinen Affenmorgen,
er wird nicht durch den Traum gequält,
wenn er mal einen Ast verfehlt –
erst die Erkenntnis schafft uns die träumende Verwendnis,
wann hat ein Affe je erzählt,
wenn er sich nachts im Traum vermählt? –
er fühlt sich weiter oben
so paradiesisch aufgehoben,
und wenn er einmal runterfiel,
war ihm das stets ein Kinderspiel –

ich nehme denn auch an,
dass sich ein Affe das mal leisten kann,
ein Affe wird nicht ausgelacht,
wenn er als eigner Fall erwacht –
ein schneller Griff nach einem Zweige,
schon geht ein Affenfall zur schnellen Neige,
fast jedes Affenfallproblem
löst sich auf diese Weise angenehm,
mit kühnem Schwunge
löst sich der Affenfall in einem Sprunge –
ein Zustand, den der Mensch aus Abstand hält,
sieht kritisch diese Affenwelt,
ein Fall, ein Sprung wird hier zensiert,
in den ein Affe sich verliert,
und wissenschaftlich wird der Fall beschrieben,
wenn Affen sich mal kurz verlieben –
was äffisch meist sehr einfach scheint,
ist menschlich kompliziert gemeint,
und wird denn auch schnell aufnotiert,
damit es aufs Papier geführt –
ein Fall wird immer mehr verzwickelt,
wenn man vom Affen wegentwickelt –
um einen Fall recht auszuloten,
schläft man als Mensch auf festem Boden,
und zeigt sich phantasiebegabt,
wenn solch ein Affe einen Fall gehabt –
das hat der Mensch dem Tier voraus:
er denkt, wenn er mal denkt, an den Applaus,
stets wird darüber nachgedacht,
ob man mal später ausgelacht –
ein Affe löst den Fall von Fall zu Fall, und wie mir scheint, allein,
wie glücklich muss doch solch ein Affe sein,
ihm folgt auf dieses Fallgesetz
nie hinterher ein Drallgeschwätz,
und abends schläft er tief und fest
im selbsterbauten Blätternest.

---

auf Dauer

„Man sieht des öft'ren mich auch in Begleitung",
sprach Faust zu seines Weg's Beschreitung,
„und dann, bei diesen Sitten, auch mal beritten,
das Attribut von einer Reise ist ihre Wirkungsweise,
auf Schritt und Tritt reist diese ja bekanntlich mit" –
Nun heute reist man, um sich selbst zu dienen,
ganz einfach nur auf Schienen,
Metall, das man sich unterlegt,
ist es, das unsre Reise pflegt –
doch die Begleitung, die sich Faustens einst erstritt,
reist oft auch heut' noch auf der Reise mit,
man sieht, so manches bleibt,
wenn man sich hier die Zeit vertreibt –
der Teufel es ersprießlich findet,
wenn man gereist sich zu ihm überwindet,
drum ist man auf der Reise froh,
wenn man mit sich inkognito,
denn solcherlei Begleitung
bedarf besondrer Neigung:
mit Hohen Herrn zu reisen,
muss man sich selber als geehrt beweisen,
und dass man diese Redensart
auch würdig aufbewahrt –
die Nostalgie, wenn in Bewegung,
erfordert auch nostalgische Erregung,
man ist den Dingen nah,
wenn selber man bedingt geschah,
die Seele, wenn sie so umsorgt,
sich gerne einem andern borgt,
so zeigt man Stil mit viel Gefühl
und man tut gut daran mit eignem Blut –
so hat man als Verbleiben
sich etwas zuzuschreiben,
denn was man unterschrieb, das blieb
und ist uns treu geblieben
auf den Leib geschrieben –

leibhaftig und sich nah
steht man verschrieben da,
und wird vollkommen,
wenn später von sich eingenommen,
denn eine Arzenei hat sich als Mittel stets dabei –
man hat sich viel geplagt
mit dem, was uns behagt,
was sich dabei entsponnen,
ist das, was seiner sich entsonnen –
der Teufel, dieses Menschentier,
zeigt für den Vorgang viel Gespür,
und schaltet sich bei Teufelei'n
recht menschlich in das Ganze ein,
was sich letztendlich auch beweist,
wenn man mal mit sich selber reist.

---

sich selbst erlegen

Die Welt gebar sich selbst, als sie die Welt gebar,
so wurde ihr so manches klar: Der Segen war sich selbst erlegen,
denn weil ihm etwas an sich lag, erlag er sich als Jüngster Tag –
nur etwas ältlich gebar er sich dort weltlich,
denn einem Stiftungsfest ist dieser Tag nicht ganz egal gewest –
jüngst erst auf Erden wollt´ diesem Tag der Abend werden,
denn folglich ist die Nacht solch einem Tage zugedacht –
ein Tag wird erst belehrt, wenn er sich nächtlich noch erfährt,
der Zustand als Bericht gereicht sich so zur Pflicht –
Verpflichtung wird die Nacht als Richtung,
denn ausgerichtet ist man eingerichtet, wenn man das Dunkel sichtet,
das Schiff geht stets in einem Hafen schlafen –
der Tag ist in die Nacht verliebt, weil diese ihm das Dunkel gibt,
ein Stern sieht diesen Vorgang gern.

Die Auseinander-Setzung

Ein Bild hing lange schon
bezeichnend neben einem Telefon,
ein Telefon es sehr gebührlich findet,
wenn sich ein Bild ihm überwindet,
so hat das Bild denn immer teilgenommen,
wenn etwas diesem angekommen –
doch war dem Bild das oft egal,
wenngleich dem Telefon fatal,
ein Hörer ist nur dem verpflichtet,
der sich dem Hören ausgerichtet,
man oft darunter etwas andres denkt,
als der, der noch darüber hängt –
die Welt ist oft geteilter Meinung,
tritt man hier bildlich in Erscheinung,
nicht immer wird das recht bedacht,
wenn man als Bild wo angebracht –
Phonetik, die sich tonlich schindet,
nicht immer gleich zur Optik findet,
der Ton bedingt das Ohr,
das Auge stellt sich anders vor –
wo viel geredet wird,
wirkt oftmals man als Bild verirrt,
ein Bild, das schweigt,
wird mehr den Stillen vorgezeigt,
so wird zur Ansichtssache,
was man sich bildlich daraus mache.

---

zeitlich

Die Stunde ganz verzaubert war,
als sie uns ihre Zeit gebar –
damit man sie versteht,
hat Zeit auch Qualität,
so wird sie unbestreitlich für uns zeitlich
und man erfährt, was zeitlich noch dazugehört –
so steht nun unbestreitbar fest,
dass zeitlich man mal da gewest,
und ab und an
man sich das hier mal leisten kann,
denn zeitliche Erdreistung
heißt überwiegend Leistung –
die, die sich außerzeitlich trafen,
gehn ab und zu mal schlafen,
es führte wohl zu weit,
gäb' es nur noch die Zeit –
doch pünktlich, weil sich nah,
ist man bald wieder da,
um dann im Morgengrauen
noch mal vorbeizuschauen,
die Schau ist uns gestattet,
bevor man hier ermattet –
um wieder mal ganz selbst zu sein,
kehrt man am Abend wieder heim,
so wird man, manövriert,
mal wieder zu sich selbst geführt,
und unser Frontbericht
spricht nun von Zeitverzicht
und steht von Herzen gern
den durchgekämpften Zeiten fern.

Der Hering

Ein Hering schwamm seit läng'rer Zeit im Meere,
damit er sich daran belehre,
was sich als Meer gefällt,
wird meistens wässrig dargestellt –
so ging des Fisches ganzes Trachten,
am Meere dieses zu beachten,
man seine Welt bemisst
mit dem, wozu man fähig ist –
nun der Gedanke glücklich macht,
wenn er von einem Schwarm gedacht,
so wird der Frieden nicht gestört
durch etwas, das nicht ganz dazugehört,
hier trat die allgemeine Meinung
als Wasser in Erscheinung –
doch wird ein Hering oft gefangen,
weil solchen Fehler er begangen,
und sehr vernetzt wird ihm von außen etwas zugesetzt –
die Enge verschwor sich ihm nun mit Gedränge,
und eingetauscht ward seiner Freiheit Nass
mit einem zugeklebten Fass –
und eh er's recht bedacht,
wurd´ er auf einen Markt gebracht
und rein figürlich dargestellt
in der ihm noch so fremden Welt,
er ward mit einem Preis versehn
und durfte nun nach Hause gehen.

Wachstumsrate

Glatzköpfig hat man auch im Mai kein Haar dabei,
obwohl vom Monat her sehr günstig und als Gelegenheit inbrünstig –
nicht immer man das Wachstum fördert,
wenn man sich irgendwo erörtert,
manch einem Kopfe kommt nichts mehr,
bedauert er's auch noch so sehr –
mit einem Implantat sich mancher jetzt geholfen hat,
oftmals ist nur verpflanzt, was andern auf dem Kopfe tanzt –
die Nachbarin, die das beim Nachbarn sah,
war diesem Wuchs besonders nah,
reminiszent man manches noch von früher kennt –
vor allem, was den Kopf betrifft,
hat man sich gern dort eingeschifft,
am Außen wie im Innen darf man hier viel gewinnen,
blitzartig leuchtet manches auf,
hat man erst wieder Haare drauf –
die Schönheit ist nun mal
dem Kopfe nicht so ganz egal,
man ist von dieser sehr erbaut,
wenn man sie in den Spiegel schaut,
solch Blickverfahren hat sich bewährt seit Jahren,
geduldig zeigt der Spiegel vor,
was sich in ihm als Blick verlor –
so darf sich denn mit neuen Haaren
auch Neues in ihm offenbaren,
ein solches Bild lädt ein,
rein vom Gefühl dabei zu sein,
und ist dabei noch Mai, erscheint es nicht mehr einerlei –
so ist sich eine Wachstumsrate
sogar an einem Kopfe nicht zu schade,
und wohlgefällig wird vernommen,
was diesem angekommen –
ein Kopf sei stets bemüht,
dass ihm etwas davon geschieht.

Die Laufbahn

Ein Kegel sprach mit einem Bruder über die Regel –
so aufgekegelt eingeregelt –
und so für unerhört, weil wichtig,
hielt sich der Kegel für gekegelt tüchtig
und aufgestellt als die besondre Kegelwelt –
dem Bruder sah man es gleich an, dass er geübt als Kegelmann,
nie ward ihm das besondre Ziel als Kegel im Gespräch zu viel,
wohlan dem Kegel, der sich solches leisten kann –
der Kugel man dies alles zugestand,
lag sie dem Kegelbruder in der Hand,
sie war zum Kugeln rund und abgedreht,
weil man sie so als Spiel versteht,
und wie man diese Kugel pflegt,
gesteht uns das Geständnis, wenn es abgelegt –
der Lauf der Kugel wird bestimmt
durch das, was daran Anstoß nimmt,
die Zahl, weil abgezählt als Neun,
will spielerisch und gegenwärtig sein –
der Kegel Weisheit ist gedacht,
dass sie sich niederlagig dargebracht,
was sehr exakt uns zur Verfügung stand,
wird umgefallen int'ressant,
wie seltsam ist des Bruders Wert, der so mit einer Neun verkehrt –
ein Glück, dass man letztendlich dieses Missgeschick
schnell wieder aufgebaut, bevor geübt des Bruders Auge schaut –
die Ordnung wird nie falsch verstanden,
weil sie nur kurz als Zahl vorhanden,
hier wird das Chaos einer Zahl gezählt,
die sich mit Niederlagen abgequält –
so zieht sich eines Bruders Glück
von Fall zu Fall auf eine Neun zurück,
und man gesteht sich denn auch ein:
um sie muss was Besondres sein,
und wie verkehrt ist wohl die Kugelwelt,
die sich als Spiel in dieser Form gefällt?

Der Helfer

Ein Helfershelfer stand vor seinem Grabe –
so pflichtversetzt mit seiner Gabe –
und wie er sich das Grab besieht,
er fern weg in Gedanken flieht
an einen meerumrauschten Strand,
so heimatgroß, so blickverwandt,
und fernversinkend taucht er ein
als sonnenabendlicher Widerschein –
das Meer erglänzte weit und mild
dem Helfer als ein Zauberbild,
und er gesteht sich leise insgeheim:
Hier möcht ich einst zu Hause sein –
und dass sich ihm das recht erböte,
hört er von ferne tönend eine Flöte,
denn eines Tones Wundergabe
verschenkt sich gern an einem offnen Grabe –
und wie sich unser Helfer eingestand,
war das sein rechtes Heimatland,
so aufgetan und fernend wundersam –
dann mit dem letzten Abendschein
brach diesem Bild die Nacht herein –
lang noch hat unser Freund gesessen,
so traumgeboren in dies Bild vergessen.

Am letzten Ort

Kennst du den Schrei, der nach sich selber schreit,
verblüffend ähnelnd sich als Ähnlichkeit?
Programm, das programmiert sich nur noch selber kennt,
von allem Übel weggetrennt?
ein Fall, der jetzt von Fall zu Fall nur in sich selber stürzt
wie eine Kürze, die sich ewig an sich selber kürzt
zu diesem Rest, den sie schon lange sucht?
der fluchend ähnlich nur sich selbst verflucht,
unteilbar sein und so gekonnt allein,
wie eine Frage, die sich selber fragt
und eine Klage, ewig angeklagt,
so abgeliefert eingeschiefert? –
So lebt ein Teil in uns, unteilbar ganz,
und glänzt in sich als letzter Glanz –
ein Licht, das nur nach innen strahlt,
unendlich für sich selbst gemalt –
die Sehnsucht, die sich nur noch selber kennt –
ein Feuer, das nicht mehr als zweites brennt –
die Möglichkeit, objektlos zu sich selbst bereit –
ein Subjektiv, das ewig nur sich selber rief –
ein Stern, der nur sich selbst umkreist –
ein Name, der sich nennend nur noch selber preist –
die Wandlung, die ein letztes Mal sich heimverwandelt –
der Handel, tröstlich in sich selbst ver-handelt –
Wer nennt das Letzte, das sich letztlich nur noch selber nennt?
das Wort, urletztlich heim am ersten Ort?
ein Ruf, den sich, der sich die Stimme schuf,
so selbstgehört, und an sich selbst verehrt? –
Das ist die Frage, die sich ewig nach sich selber fragt –
der Tag, der aus sich selber nachtlos tagt –
ein Schwarzes Loch als eines Lichtes Immernoch –
der Sturz, der ewig in sich selber stürzt,
so dimensionslos weggekürzt,
so ungenannt und wegverwandt –
ein unaussprechlich Wort,
so örtlich wörtlich, ohne Ort,

ein schweigend Zeigen,
in Stille vor sich selbst Verneigen,
ein „Auf ein Wort" am letzten Ort.

---

wässrig

Es wär' hier nicht die Regel, hätt' Wasser keinen Pegel,
so zahlt ein jeder Standgebühren, um davon den Beweis zu führen –
Poseidon, der vor längrer Zeit ein Gott,
besieht den Standpunkt sich mit Spott,
ihm ist es ziemlich unverständlich,
wird wässrig man im Stand verwendlich,
ein Stoff, der sich im Maß der Meere misst,
sich solchermaßen in die Form vergisst?
ein Stoff, der göttlich seinen Weg beschreitet,
sich förmlich und von Stand erleidet? –
wie lächerlich wird man verlacht,
wenn man sich göttlich zahlbar macht,
ein Gott, den man mit Geld bezahlt –
wer hätte wässrig sich das ausgemalt? –
unrühmlich wird von Menschenhand
man wässrig in den Stand verbannt –
nun denn, nimm Abschied, Wasser, und gesunde
in einer kreisvollendet Heimkehrstunde,
auch menschengeistlich im Gestalten
kann man letztendlich nicht das Wasser halten,
es wäre sonst sehr abgestanden von Stand in einer Form vorhanden,
was seinen Lauf als Kreis beschließt,
ist etwas, das nach Hause fließt –
das Meer, wenn es von ferne leuchtet,
entgrenzt des Wassers Lauf befeuchtet,
was Menschenmaß ihm angemessen
wird später dann als Meer vergessen,
denn Wasser wird sich als Gestalten
stets maßgerecht und durch sich selbst erhalten.

---

verkitscht

Als einst ein Mann und seine Frau in einem Boot,
fährt dies vergnügt ins Abendrot,
denn solche Fahrt ist meist gedacht,
dass man sie als Vergnügung macht: –
am Himmel geht die Sonne unter,
verkitscht, als roter Abendplunder,
man sieht hier wieder mal, dass manche Reise sehr fatal –
dann wird es Nacht und schwärzlich deckt sie alles zu,
verfinstert selig und in Ruh,
wie gut, dass man nun nichts mehr sah
von dem, das abendrötlich da –
die Seligkeit wird ausgemerzt von dem,
das nächtlich eingeschwärzt,
das Abendelend ist vorbei,
uns deckt ein nächtlich Einerlei –
wie fühlt sich alles friedlich an,
weil man nun nichts mehr sehen kann,
nur noch Erinnern weckt uns einen Traum,
doch der schäumt weg, man fühlt es kaum,
dann wieder deckt ein schwarzer Schwan uns zu –
oh Seligkeit in ewig dunkler Ruh –
doch noch ein Hauch von Nostalgie
weckt uns dann auf in aller Früh,
und wieder hebt das Schauspiel an,
das man am Himmel sehen kann,
und man stellt fest, zutiefst gekränkt,
dass uns das Leben nichts geschenkt –
doch eines Abends, Gott sei Dank,
das Boot im Meere untersank –
wer aber weiß schon ganz genau,
ob nicht am Ende Mann und Frau
bald wieder aufgeschreckt
und in ein Morgenrot geweckt,
weil sich das Leben, effektiv,
stets wieder auf das Licht berief?

Ein Amt in Wundern

Ein Wunder, das geschieht, ist eines, das man sieht,
denn ungesehn wär es nur schlecht geschehn –
das Auge hat, das Auge ist, das Auge nimmt,
damit bei einem Wunder alles stimmt –
so ist ein Auge streng verwandt
mit dem, was man als Wunder anerkannt,
nur das, was einem recht geschieht,
ist das, was man als Wunder sieht –
man lebt, man webt, man tut, man kann,
das Wunder ist gleich neben dran,
deshalb und auch deswegen
zeigt sich ein Wunder und sein Segen,
und weil man stets davon berichtet,
wird es figürlich abgelichtet –
nun endlich bildlich eingereicht,
man es mit schon Vorhandenem vergleicht,
denn etwas, das man aufbewahrt,
sich gern vergleichend offenbart –
ein Wunder, wenn es kategorisiert,
sich nicht als Abseits irgendwo verliert,
jetzt sieht man klar und wunderbar,
dass es ein echtes Wunder war –
bald wurde es regalig abgelegt
zu anderen, die man schon länger pflegt,
dass man recht lange an das Wunder glaubt,
wird es des öft'ren abgestaubt,
damit es glänzend jederzeit beweist,
dass es als solches zugereist –
wie gut, dass es ein Amt in Wundern gibt,
wo man ver-wundert in sich selbst verliebt,
wird nicht das größte Wunder offenbar,
wenn man als Wunder selbst verwundert war?

---

verfrüht

Ein Kuckuck saß auf seinem Nest
und feierte das Eierfest,
und jeder, der ihn sitzen sah,
war diesem Vogel mit dem Neste nah –
seitdem war überall davon die Rede,
dass man als Kuckuck sich auch mal verspäte,
und jeder Vogel war gerührt
von dem, das sich dort aufgeführt –
das eben nenn ich rechtes Leben:
Sich selber und dem Ei vergeben –
wie ist ein Vogel wohlbehütet,
wenn er sich eine Wohnung mietet,
der Kuckuck, der dann aus dem Ei geschlüpft,
ist gleich vor Freude aus dem Nest gehüpft,
dort lag er nun, nicht schlecht bestaunt,
weil etwas nestfern anberaumt –
ein Vogel warte, bis er flügge wird,
weil er sich sonst im Weg geirrt,
ein Flügel, wenn er fliegen kann,
hat meistens ein paar Federn dran.

Leckerei

„Es sollte hier ein Leckerbissen nicht die Zeit vermissen,
wird doch geleckt so manches aufgedeckt
und später klar, was drunter noch vorhanden war" –
Ich hörte diese Redensart
von einem, der so aufbewahrt,
oft wird ein Lecker überrascht
von dem, das dabei freigenascht,
die Zunge, wenn sie etwas freigelegt,
wird öfter dabei missgepflegt,
denn misslich tritt oft eine Lage
gepflegt geleckt an sich zutage –
es sollt' deshalb ein Leckerlein
die Vorsicht seiner Zunge sein,
denn später wird dann honoriert,
was solchermaßen aufgeführt –
meist ist ein Lecker dieser Schicht gewogen,
die sich den Dingen aufgezogen,
und gerne man der Sache schmeichelt,
die vorher einer eingespeichelt –
ein stiller Glanz liegt ausgebreitet,
wenn man als Ding sich so bestreitet,
doch später wird dem Lecker klar,
dass dies nur oberflächlich sich gebar –
ein Lecker sich als Welt gefällt,
wenn er die Zung' im Zaume hält,
ein Übel hat stets einen Täter,
was sich geleckt beweist als Später –
das also ist des Leckers letzter Schluss:
Ein Schloss bewahrt der Zunge Selbstverdruss,
wie schweigt es sich doch wunderbar,
wenn man als Lecker dran beteiligt war.

Vollenden

„Die Schönheit ist viel schöner, als wir im Allgemeinen
zu glauben meinen,
so jedenfalls will es mir scheinen" –
die Worte sprach, in seiner heil'gen Pflicht, das Licht,
darauf ging es als Sonne schlafen,
wo wir es dann in Träumen trafen –
es trifft sich gut, trifft man in Träumen sich und seinen Mut,
es hätte das Vollenden wohl nichts dagegen einzuwenden.

Verliebte Worte

Die Andacht stand verliebt vor ihrem Schoß,
dann kniete sie vor ihrem Schoße nieder,
erst später sah man sie und ihr Gefieder
so eingeweiht an einem Engel groß –
wie ist es doch bemerkenswert,
wenn man mit einem Schoß verkehrt,
es geben sich verliebte Worte
die Hand an dieser Himmelspforte.

X-beliebig

Ganz x-beliebig betraf sich einer als Herr Fiebig –
dem wäre als Vollenden
ansonsten nichts hinzuzuwenden,
man sah sich so recht lobenswert
als einer, der sich selbst verehrt –
meist ist ein Innenarchitekt
auch etwas in sich selbst versteckt,
wo er, wie sich's gebührt, sich selber missioniert,
damit man sich erwähne in der geflüstert eignen Szene –
ein Rad, wenn es sich angedreht,
sich von der Mitte her versteht,
und um an sich zu wachsen,
umläuft es seine Achsen,
denn ganz beiläufig trifft man auf Räder dorten häufig,
wenn sich ein Rad genötigt sieht,
es seinen Drehpunkt dort bezieht –
wenn man sich wo erkenntlich zeigt,
ist man dem Platze meistens zugeneigt,
so auch ein X-beliebig in diesem Falle als Herr Fiebig –
meist ist das Hier als Jetzt
auch namentlich recht gut besetzt,
was man sehr gut erkennt
an dem, der sich da selber nennt –
um sich gelegentlich auch mal zu loben,
wird man als Name hier hervorgehoben,
und da man meistens sich gewogen,
wird man zu diesem Zweck hinzugezogen –
man sieht sich als Experte sehr gerne mit Offerte,
so wird man gut geprüft und seinig
letztendlich mit sich handelseinig,
man löst sich als Problem auf diese Weise angenehm
und hat sich ins Gespräch gebracht
als der, den man sich zugedacht.

Die Schlange

Die Schlange hatte als Verehrer einen Beschwörer –
auf einer Flöte, wundersam, sie oft sein Lied vernahm,
worauf sie sich dann ausgestreckt und steil emporgereckt –
schon die Gestalt verriet des Lied's Gewalt,
rundum und als Verstehn war sie für dieses vorgesehn,
man sah, sie war dem Liede nah –
nicht jeder, der ein Lied gehört, gleich aus dem Korbe fährt,
vor allem, wenn dem Braven die Glieder eingeschlafen –
groß ist des Liedes Macht, wenn einer Schlange zugedacht,
speziell ist dieses eingerichtet, damit sie aus dem Korbe flüchtet,
nur noch das Hinterteil ein wenig drin verweil',
denn im Gefahrenaugenblick zieht man sich gern dorthin zurück –
man ist geübt, wenn in den Korb verliebt,
der Punkt, auf den man sich gestützt, sehr oft in einem Korbe sitzt,
man lebt sehr gern zurückgezogen, ist man dem Punkt gewogen,
nur wenn man draußen vorgeführt, man diesen Sitz verliert,
damit man auch dorthin gelange,
hört gern ein Lied die Brillenschlange –
solch Prä-Fektur steht nicht der Schlange nur,
manch einer, der mit ihr verwandt, sich dieses eingestand,
man sieht die Welt erst, wenn man hochgestellt,
der Um-Stand zeigt, wie weit man dieser zugeneigt,
die Welt sieht gerne was fürs Geld,
vor allem, wenn es hochgestellt in ihr verweilt –
es kommt stets auf den Blickpunkt an,
ob man den Punkt erblicken kann,
und wie es geht, wenn einer auf ihm steht –
schon mancher, der in einem Korbe saß, dabei die Welt vergaß,
doch als sein Lied erklungen, ist er empor gesprungen,
denn dies verhieß ihm erst das Paradies.

Der Impuls

Ein Pfad, der einen Finder fand,
schien eng mit diesem Freund verwandt,
man geht nicht einfach so durchs Irgendwo,
stets ist, wenn sich ein Weg bereitet,
ein Etwas, das sich dort bestreitet,
und dieser Freund als solcher wohl auch so gemeint –
Nimmt man nun dieses Bein, ganz allgemein,
so sieht man schon: es folgt dem sogenannten Guten Ton,
der weiter oben längst als ein Befehl das Bein gehoben –
solch Institut, das weiter oben lag,
bringt weiter unten mancherlei an seinen Tag,
und was sich als Bewegung freut, ist vorher schon befehlserneut
als eine Kraft, die einen Modus schafft –
solch ein Impuls, wie er auch sei,
erstrebt im Außen stets ein Konterfei,
um daran zu ermessen, in wieweit er sich selbst besessen –
so lässt sich ein Gestalten dafür- und auch dagegenhalten,
damit man sehe, wer man sei, und dieser andre, der noch nebenbei –
man sieht, man sieht sehr gerne, was man sieht,
wenn man dem andern recht geschieht,
und schlicht und einfach sei gesagt:
man hört sich gern bestätigt, wenn man fragt,
und pflegt sehr gerne den Verkehr
mit einem, der so wie man selber wär –
doch leider hat so mancherlei Objekt im Innern einen Streit versteckt
und diesen auch, mit Fug und Recht zu sagen,
dann lauthals vorgetragen –
so fühlt man sich als Harmonie gestört,
wenn irgendwas nicht ganz dazugehört,
und spricht dann als Instanz von einer Dissonanz –
und schon wird ausgeklammert, was man in dieser Form bejammert,
was denn auch vorgezeigt, wieweit man diesem abgeneigt –
man hält, was man verspricht, in diesem Punkte als Verzicht,
damit ein jeder auch gleich sieht, dass man als Blume anders blüht,
dass diese Farbe, die man hegt, sich ganz besonders pflegt,

und dass der schöne Schein ansonsten nicht ganz allgemein –
wie schön, dass sich dann einer findet,
der sich zu unsrer Meinung überwindet
und der dann spricht: „Mein Sohn, ich kenne den Verzicht,
ein Ton, der nicht dazugehört, hat sich nur selten gut bewährt,
die Harmonie, die sich geschmeichelt fühlt, ist gut gespielt,
denn jeder preist die Wonnestunden,
wenn man den rechten Ton gefunden,
so wird die Dissonanz besiegt
durch das, was sich im Rechten fügt" –

---

pünktlich

Der wunde Punkt schien eingetunkt,
er ließ sich zum Beglücken Pakete schicken,
woran er denn ersah, dass er noch da –
das Ganze klingt abstrakt und abgeschmackt,
denn wo, um alles in der Welt, ist's so um einen Punkt bestellt?
ein Punkt, der wund, zeigt an, um was es bei ihm stund –
ein Hilferuf uns diesen Punkt erschuf,
er ist gedacht, dass er uns aufmerksam gemacht,
und zeigt uns als Entgegenkommen,
als was er in Empfang genommen
im Grunde und aus Anlass dieser Stunde –
schon möglich, dass das Mögliche sich möglich macht,
wenn es auf einen Punkt gebracht,
so war es denn auch gut und richtig,
dass man als Rötung punktepflichtig –
die Heilung, wenn sie Punkte sammelt,
uns öfter etwas farblich stammelt,
ist dieses wund und leicht gerötet,
erzählt es, dass es sich verspätet –
die Farbe zeigt sehr viel in einem Punktespiel,
was farblich respektiert, sich oft in einen Punkt verliert,
wie wunderbar, wenn dieser dann ein Wunder war –
oft hat ein Punkt als Jetzt sich Punkt für Punkt dazugesetzt,
so wird hier statuiert, was einem Punkt gebührt,
denn variiert er sich in einem Bild verliert,
so ist man als Detail verschwunden,
weil man im Bilde heimgefunden.

---

postum

„Das Spiel ist aus", so sprach gerührt das alte Haus,
es lag bezognermaßen an einer Straßen,
wodurch es auch bekannt und oft benannt –
ein kleines Schild, das emailliert die Türe ziert,
denn abgezählt wird man als Haus vermählt,
der Eindruck, der entsteht, durch eine Nummer geht,
so wird ein Adressat als Adressant
dem Haus bekannt im Brief, der einen Träger fand –
ein Träger ging dereinst zu diesem Haus als Kläger,
so jedenfalls schien er mit einem Brief verwandt,
in dem etwas geschrieben stand,
wie's meistens einem Brief ergeht,
wenn etwas ihm geschrieben steht –
der Kasten, der dem Hause angebracht,
hat auch darüber nachgedacht,
damit das Ding nicht ewig leer, bringt man ihm öfter etwas her,
ein Spalt an seiner oberen Gestalt
bedient ihn häufig und auch recht geläufig –
der Schlüsseldienst bekam dann diesen Inhalt, den er auch entnahm,
und ging mit diesem eingelegten Wort
in dieses Haus, als den verwandten Ort –
man sieht, der Sinn hat seinen Zweck sehr oft am rechten Fleck:
ein altes Haus dient als Idylle mit seiner eingegeb'nen Stille
dem Briefe als Vollendung einer dargereichten Sendung –
es wird erst nummeriert, wenn man als Brief wo hingeführt,
damit ein Irrtum, wie so wunderbar, dann ausgeschlossen war,
denn jede Spende gehört in die verwandten Hände,
die aufgehalten diesen Brief verwalten,
man hat ja nun, um davon auszuruhn,
auch alle Hände voll zu tun –
es wär nicht angebracht,
wenn man in diesem Fall nicht nachgedacht,
meist fällt dem Denker etwas ein, wenn er mit einem Brief allein,
vorausgesetzt, dass der gelesen von einem, der dabei gewesen.

Hunds-gemein

Um Land und Leute kennen zu lernen,
muss man sich aus sich selbst entfernen,
dann sei man trinkfest und genauer,
liegt man sich solchermaßen auf der Lauer,
auch ist es ferner angebracht, dass man verstand´ne Lieder macht,
man findet´s hundsgemein, will man etwas Besondres sein –
gemein als Hund zu der besondren Stund? –
begrifflich sich verwandelt, wer als ein solcher von sich handelt,
denn erstens ist es nicht gemein,
will man als Hund ein Hund nur sein,
und dann verspricht uns die besondre Stund
rein zeitlich den besondren Mund –
allein dies Schauspiel sei dem Land ein Segen,
kommt es gesanglich und dem Liede wegen –
ein Spielmann, der so gegenwärtig sei,
betreibt sein Spiel als Liebelei,
man sieht´s dem Spielmann schon von weitem an,
was er von solcher Nähe halten kann,
und auch sein Mienenspiel verrät von diesen Dingen viel:
ein Mund, der sich am Liede pflegt,
wird segensreich durch den Gesang bewegt,
Bewegung, die durch das Gemüt entsteht,
auf ganz besondren Wegen geht,
geheimnisvoll mit seinen Schmerzen,
dringt es in off´ne Lauscherherzen,
und mancher Lauscher hing in dieser Schicksalsstunde
an einem Sänger-Liedermunde –
wenn sich der Sänger dann entfernt,
erscheint der Himmel anderswie gesternt,
denn solcher Sänger kommt von weiter her
als der besondre Grenzverkehr,
ein Stern, dem er von früher zugedacht,
erst diese Reise möglich macht.

---

geeint

Man sei auf das gefasst, was notfalls zu uns passt,
wem fiele es sonst ein, als Not und Fall dabei zu sein –
es mutet oft sehr komisch an, was sich dabei als Mut gewann,
die Ähnlichkeit führt zum Beweise
ein Doppel auf der Spur der Gleise,
so dass dort, je nach dem, ein Links und Rechts einander vorgesehn –
so weit das Auge reicht, ein Etwas einem Etwas gleicht,
nur ab, weil zu, etwas darüber fährt, das diese Lage uns erklärt –
der Zwischenraum, wenn überbrückt,
ist jetzt besonders gut geglückt,
vielleicht etwas erschreckt, weil unter Raserei versteckt,
doch sieht man das wohl ein, wenn gegenüber man zu Zwein –
der Endzweck zeigt dem Ende, was man genötigt dabei fände –
so bringt die Konjunktur ein Etwas in die Spur,
woraus man denn entnehmen kann:
Ein Gleiches liegt gleich nebenan und ist uns angeglichen,
weil nie von seinem Platz gewichen –
der Fleck gereicht dem Urteil so zum Zweck,
der immer danach fragt, warum er sich und so behagt –
was sich behaglich bei uns findet, sich uns als Ganzes überwindet,
wem stände sie sonst zu, Behaglichkeit in ihrer Ruh´? –
wie schon gesagt, wird es den Gleisen bang,
führt sich ein Dritter über sie entlang ,
doch unterschwellig, wenn vereint,
ist für ein Drittes man sehr wohl gemeint,
der Abstand, wenn er so zum Zustand wird,
hat sich in diesem Falle nicht geirrt,
bezüglich, wenn ein Zug sich hier bewährt
und über diese beiden fährt –
ob Zug, ob Gleise – alles endet, wenn einem Ziele zuverwendet,
und so vergnüglich stellt man fest:
man ist untrüglich mal dabei gewest –
man drückt am End´ ein Auge zu, und lässt den Dreien ihre Ruh´.

Der Sprung

„Man sollte dem Floh auf die Sprünge helfen,
so kurz vor Zwölfen" –
Der Floh war sehr empört
als er von diesem Rat gehört,
er war bekannt als Lebemann
in seinen Kreisen nebenan,
und grad die Damenwelt,
der man als Springer wohl gefällt,
hielt diesen Ratschlag nicht für nötig,
wenn er in solcher Form erbötig –
ein Helfer, der vom Springen spricht,
verletzt des Floh's geheime Pflicht –
wenn man etwas zu bieten hat,
lebendig und an seiner Statt,
ist man dem Sprunge zugeneigt,
weil überzeugend vorgezeigt,
denn eines Springers Neigung
versichert sich an seiner Zeigung,
vor allem in der Damenwelt,
der mancherlei an einem Sprung gefällt –
so suchte unser Floh
mit seinem Degen an der Seite
und einem größren Sprung das Weite,
und ward - man wird das wohl verstehn,
dann läng're Zeit nicht mehr gesehn –
ich hielt das für empfehlenswert,
weil man als Floh am besten mit sich selbst verkehrt.

Die Begegnung

Es rief einst ein Herr So-wie-so mal an bei einem Irgendwo,
vom Namen her etwas missglückt,
weil nichts Besondres ausgedrückt,
doch mochte man sich leiden, weil von Natur aus recht bescheiden –
dann stellt' sich noch heraus, dass man daheim im selben Haus,
oft man den anderen nicht kennt,
obwohl nicht sehr von ihm getrennt –
doch nun war es passiert – man wurde sich mal vorgeführt:
Frau Irgendwo, die weiblichen Geschlechts,
erfand, selbstredend, auch was Rechts,
das sogenannt auch ganz im Sinne der Begrüßung stand –
Herr So-wie-so, betont als ein Inkognito,
gab sich als Kavalier der bess'ren Klasse,
damit die Dame Hoffnung fasse,
weil man nicht gern umsonst geredet,
vor allem, wenn der Anlass sehr verspätet –
so war denn bestens vorgesorgt,
dass man sich redlich von einander borgt,
oft wird *dem* Teil von uns verziehn,
der sich dem anderen ausgeliehn,
und auch von Vorteil scheint zu sein,
wenn dieser weiblich und allein,
weil man Verständnis findet,
wenn man sich männlich dazu überwindet –
und außerdem ist man auch angeraten,
sich und dem Schicksal dabei nicht zu schaden,
weil dieses gern belehrt mit dem, was man von ihm erfährt –
so sah man denn mit Sympathie den andern, der sich da verlieh,
war man auch namenlos und unbekannt,
man ward sich doch in dieser Form bekannt,
und hielt sich für gesegnet, weil endlich noch begegnet –
nur ist oft viel Geduld gefragt, bevor man sich so zugesagt.

Der Schauer

„Oh je", so sprach verkannt die Näh´ –
Oft will sich ein Versprechen an sich selber rächen,
zwei Worte – aber ach, wo bleibt das Urteil, das vom Fach? –
ein Meister, der die Worte sah, war sich und diesen Worten nah,
nie hab´ ich einen Meister so verständnisvoll gesehn,
wie diesen bei den Worten stehn,
mir fehlen fast die Worte bei diesem Meister vor dem Orte –
mit sehr verständnisvoller Miene
bestand er diesen Stand auf dieser Bühne,
sein Kopf tat sich mit Nicken in diese seine Lage schicken,
wie hat man doch gekonnt genickt,
wenn man sich so geschickt beglückt –
die nun schon angestaute Menge
besah des Nickens wohlgekonnte Länge,
der Augenbrauen hochgezogner Knick
verriet des Schauers gut durchdachten Blick,
Betrachtung zeigt betrachtend klar,
dass das der Blick von einem Meister war –
nachdem die Meisterschaft bekannt,
hat unser Meister sich nun abgewandt,
die Menge fiel bald auf die Knie,
wie es der Status ihr verlieh –
gottlob, als sie sich dann erhob,
war unser Meister schon entwichen
und in ein Fernesein verblichen –
die Menge war gerührt, weil unser Meister nun entführt,
nur die Erinn´rung war hier noch am Raunen
in dieser Menge und im Staunen –
man sieht, man hat es weit gebracht,
wenn man nicht viele Worte macht.

Demaskierung

Ein Hosenscheißer als Possenreißer –
Zum Glück greift man nur auf sich selbst zurück
und hat als Edelmann die eignen Hosen dran,
der Markt gedeiht, wenn man zu einem Scherz bereit –
an Märkten öfter Kirchen stehn, weil beide für sich vorgesehn,
das Schöne daran ist, dass man sich so bemisst –
beim Aneinanderreiben beginnt der Märkte buntes Treiben,
im Schatten alter Mauern wird mancherlei sich überdauern
und wird dann ausgestellt auf einem Jahrmarkt dieser Welt –
was vorne ausgelegt, hat den Dahinteren gepflegt,
vielleicht, dass man den Käufer findet,
der sich zu diesem Brauche überwindet,
ein Pfeil, der sich verspielt, hat sich auf diese Schätze abgezielt –
wer einen Markt betritt, bringt meist auch gute Laune mit,
so lebt das Possenspiel vom dargebrachten Mitgefühl,
man gern bezahlt für das, was man sich ausgemalt,
wenn man so eingeschifft, man gern auf seinesgleichen trifft –
auf einem Markte, diesem bunten Treiben,
wird man nicht lang alleine bleiben,
man ist sich nah, wenn man sich ausgelegt hier wieder sah,
sich mancherlei daraus erklärt,
wenn man sich marktlich hier erfährt,
possierlich wird man hingeführt,
wo man als Posse schon mal aufgeführt,
die Mauern, alt und mit Gepräge, befördern die Beweisbelege,
die Spieler sind die ewig alten,
nur neue Masken wollen sich gestalten.

Das alte Grab

Manch einer deckt ein wenig Farbe auf seines Kummers Narbe,
damit man nicht gleich sieht, was ihm dereinst geblüht,
meist nimmt man Gras, weil das schön grün
und weil in ihm oft Blumen blühn –
doch manches Grab, weil es schon älter,
bedecken alte Buchenwälder,
so mancher Seufzer, den man dort geweint,
steht nun als Baum am Baum geeint –
wenn dann der Wind durch das Geäste fährt,
hört man ein Raunen, das sich dort erklärt,
und dem am Lauschen schon geübten Ohr
stellt sich ein heimlich Klingen vor –
verbal geordnet, Wort an Wort,
erzählt sich ein Geschehen fort,
und wie ein altes Märchen klingt,
was dort in diesen Bäumen singt
aus einer Zeit, als auf dem Grabe Blumen lagen,
so Tag um Tag als tausend Fragen,
warum, weshalb, wieso, wozu
deckt hier ein Liebes diese Erdenruh –
die Wurzel, die in dieses Fragen drang,
erzählt davon ihr Leben lang,
und wieder ist grün eingefärbt,
was dieser Baum aus diesem Grab geerbt –
nur der, der lang daran gesessen,
scheint von den Zeiten längst vergessen,
doch irgendwo ist nachzulesen,
dass er an diesem Ort mal da gewesen –
ein altes Buch gibt oft zuhauf
dem Leser alte Rätsel auf,
und manches bringt sich an den Tag,
was unter Grün begraben lag.

Der Wäschepfahl

Es stand einst ein Laternenpfahl
auf einem Wäscheplatze, rustikal,
ein überragendes Ereignis
als lichtbetontes Zeugnis –
darunter zog sich manche Leine
in einem lichtgestreuten Scheine
von mal zu mal zu einem Wäschepfahl,
der sich etwas gekürzt befand
in diesem aufgehang´nen Wäscheland –
doch wuchs er einst im Traum
zu einem hochgewachs´nen Lichterbaum,
wie glänzend war doch sein Ereignis
als lichtgeborenes Verzweignis,
wie ist man int´ressant vorhanden,
wenn man von einem Freundeskreis umstanden,
der flüsternd überlegt,
wie man sich lichtvoll so gepflegt –
der Baum, im stillen Lichterglanze,
besah sich huldvoll dieses Freundesganze,
wie ist man sich doch nah,
wenn man die Welt im Traum besah,
und wie ist es egal,
ob man auf Wäscheplätzen nur ein Pfahl –
der Pfahl, weil beim Erwachen sich verspätet,
hat niemals über diesen Traum geredet,
die Liebe, als ein Lied der Ewigkeit,
hält manchem solchen Traum bereit.

Symbiose

Die Frucht, welch wundersames Ding,
wenn sie an ihrem Baume hing,
getragen lässt sich so von diesem
auf ihren Träger schließen,
die Frucht erst zeigt,
was von dem Baume abgezweigt,
so wird be-endet,
was sich befruchtend angewendet –
der Vogel, der darüber sang,
bekundet das sein Leben lang,
nicht jedem ist gleich klar,
dass das ein Lied von einem Baume war –
die Heimat, die aus einem Vogel singt,
ist das, was in den Himmel klingt,
der spricht darüber, ganz in blau,
ein ernstes Wort mit seiner eignen Frau,
die hat verständnisvoll dem zugenickt,
was blumig himmlisch ausgeschmückt,
der Himmel trägt, was er im Munde führt,
so vor, dass es ans Herze rührt.

Der Stern

Man muss sich in den meisten Fällen
mal wieder zu sich selbst gesellen,
das heißt, wenn man insofern mal verreist –
auf jeden Fall wird dann vernommen,
dass man auch mal wo angekommen,
man wär' nicht kompetent,
wär' man von sich getrennt,
man muss sich in dem Jahrmarktstreiben
des öftren wieder selbst beschreiben –
ein Kunde, der grad angekommen,
hat uns und unsern Preis vernommen,
und eh' man's recht bedacht,
hat man sich schon bezahlt gemacht –
der Kunde meint' so nebenher,
das man vom Preis nicht günstig wär',
man war halt grad im Angebot
als wunderschönes Abendrot,
nur leider ist, hinlänglich,
man solchen Falls vergänglich
und nicht mehr richtig da,
wenn man von uns nichts sah –
der Kunde und auch seine Frau
besahn sich diesen Fall genau,
und als es später dunkelte,
ward der ein Stern, der funkelte –
da standen nun mit off'nem Munde
die Frau und eines Abendrotes Kunde,
rein aus Int'resse, damit man solches nicht vergesse,
bis dass das ganze Farbenglück
sich zog auf einen Stern zurück –
das Ehepaar, weil brav und bieder,
legt' sich nun bald zum Schlafen nieder,
der Stern, als ein so selten Stück,
besah noch lange dieses Eheglück,
und wie mir scheint,
hat man dort unten auch von ihm geträumt –

am Himmel steht man, ohne Frage,
fern aller Märktetage
und zeigt dem, der uns kaufen kann,
etwas von unserm Standpunkt an,
man ist, als himmlisches Vergnügen,
nicht eben ohne Preis zu kriegen,
und wenn man´s recht bedenkt,
wird keinem was geschenkt –
der Kunde, als er morgendlich erwachte,
noch lange diesem Stern gedachte,
und sprach bei seinen irdischen Beschwerden:
„Es wird bald wieder Abend werden".

Die Übung

Es käme einem Urteil gleich: zu Fuß im Himmelreich,
denn schwebend wird man dort erlebend
und vom Gefühl erhebend –
man hat, soweit man kann, dort Flügel dran,
so jedenfalls wird man in unsrer Welt in dieser dargestellt –
dies hörte einst Herr Nebendran
und fing sogleich zu fliegen an,
er dacht´, dass etwas Übung
verhindre dort die Schiebung –
man sieht, er hielt so weit
sehr viel von dieser Ehrlichkeit,
und auch ist es hier wunderbar,
wenn man rein irdisch schon ein Engel war –
natürlich ist mit dieser Meinung
man meist sehr selten als Erscheinung,
vor allem, was die Übung anbetrifft,
erscheint sie manchem oft als Pflicht,
und auch hat hier nicht Jedermann
auf Erden schon die Flügel dran,
auch spricht man dann mit Schamgefühl
von diesem Flügelspiel –

nur einer, der daran beteiligt war,
fand dieses Spielzeug wunderbar,
man konnte ihn, zum besseren Verstehn,
im Abendlichte schweben sehn,
ist doch in solchem Abendkleid
die dargebrachte Nacht nicht weit,
und diese hat für solch Verwendnis
schon vom Charakter her Verständnis,
denn einer, der das Dunkel liebt,
hat vorher nicht umsonst geübt,
nur setzt man hier voraus,
dass man in diesem dann zu Haus –
so zeigt man denn als Flügelknabe
hier schon ein himmlisches Gehabe,
nur dass nicht jeder sieht, wem solcherlei geschieht,
denn vom Verständnis her
erkennt man diesen Luftverkehr,
und auch spielt eine Rolle, ob man es selber solle –
man gebe dem Verlangen nach,
spricht es in einer Flügelsprach´,
die Übung kündigt meist schon an,
ob man ein Meister werden kann,
vermittels dessen hat mancher sich mit Lust besessen,
und hat dem Leben so mancherlei von ihm vergeben –
man zög´re nicht,
wenn es mit uns von einem Engel spricht,
denn schließlich hat es ja Erfahrung
mit unsrer spät´ren Aufbewahrung,
wie freundlich stellt man sich doch dar,
wenn man rein weltlich schon beflügelt war,
manch einer, der sich selbst betrogen,
ist dann gleich kurzerhand nach Haus geflogen,
die Ankunft zeigt dem Guten an,
ob er sich solches leisten kann.

Das Leid am Lied

Ein Lied, das am Besondren blüht,
man als etwas Besondres sieht,
der Baum, dem dieses Lied geglückt,
hat es denn balde abgeschickt
an einen Adressaten, der dazu eingeladen –
ein Lied, das solcher Art beschworen,
geht dann geklungen nicht verloren,
ein Vielerlei trägt dazu bei,
dass es nun wo zu Hause sei –
so trägt sich dem besondren Ohr
stets ein besondres Liedchen vor,
denn es ist resonanzbedingt,
wenn sich ein Lied nach Hause singt,
so dass nicht gleich ein Jedermann
die Melodie verstehen kann –
vielleicht gibt es sich doch in Huld
bei einem, der recht viel Geduld,
denn wer geduldig dem Besondren lauscht,
ist der, der mit sich selber plauscht –
kaum einer wird verstehn
das Lied, das für den Sänger vorgesehn,
sogar dem Sänger oft der Vortrag stockt,
weil er durchs eigne Lied geschockt,
und schweigend oft steht dieser da,
dem das besondre Lied geschah,
auch oft wirkt arrogant,
wem sich ein solches zugewandt,
doch hat nach bestem Wissen und Gewissen
ihm dieses denn wohl kommen müssen –
das Leid am Lied nur einem Schmerzensmann geschieht,
er ist prädestiniert für dieses Lied, das ihm gebührt,
denn nach Gebühr hat sich ein Weitersagen an diesem zugetragen –
so sah ich einst im Abendglühn den Sänger vor dem Liede knien,
und wartend stand die Nacht, die sich den beiden zugedacht.

Zum Osterfest

Ein Brief mit Siegel kam einst zu einem Igel,
der war, weil grad im neuen Kleid,
für diese Post empfangsbereit
und rief mit treuem Sinn nach seiner Igelin –
die Dame, da sie eine Fachfrau war,
fand diese Sendung wunderbar,
und tat denn auch in ihrer Gier nach Neuem
sich über dieses Brieflein freuen –
und weil man eben da gewesen,
ward dieses Brieflein durchgelesen,
fein säuberlich stand dort geschrieben
ein stiller Gruß von einer alten Lieben,
die, wie so wunderbar, in dieser Form unsterblich war –
das Igelpaar besann sich einer Zeit,
die lange schon Vergangenheit,
und, eh ich es vergaß,
es war ein Brief vom Osterhas,
der diesem Igelpaar seit längrem schon verbunden war,
dies ward von diesen auch bedacht,
als man das Brieflein angebracht –
das nun erhielt, als ein besondrer Schatz,
bei unsern Igeln einen Ehrenplatz,
und jedes Jahr, beim Osterfest,
ist es gebührend dann dabei gewest,
denn oft stammt unser Schriftverkehr
von einem alten Hasen her,
der sich, was ihm denn auch gelingt,
als solcher in Erinn´rung bringt,
man sei darauf gefasst,
wenn man zu einem solchen passt.

Leiermann

Die Leier sich auf sich besann – sie hatte einen Kasten dran –
man hat sich meist an dem gelabt,
von dem man etwas hat gehabt,
wie wunderbar,
wenn es dem Kasten lei´rig war,
denn wie es mal so geht,
hat einer dran gedreht –
die Flagge wird gehisst,
wenn einem danach ist,
der Wind, der sie umweht,
von dieser was versteht,
die Fahne scheint verdattert,
wenn sie in diesem flattert,
doch zeigt der Wind der Guten an,
dass sie sich solches leisten kann –
ein Platz, wenn er sich inne hat,
erinnert sich an seiner Statt,
meist ist er, als sein eigener Geselle,
mit sich an seiner besten Stelle,
hier fängt er, als ein Leiermann,
auch bald sein Lied von vorne an –
es wird von vornherein erneuert,
was man als Leiermann beteuert:
der Leiermann, an seiner Ecke stehend,
zeigt, dass wir nur vorübergehend,
er sieht sich dieses Schauspiel an,
weil er sich solches leisten kann,
er war sein eigner Schatz, weil er am rechten Platz.

Randerscheinung

Am Rande endet eine Straße
verbreitert meist im Grase,
dort wird ihr vorgestellt,
was sich dazugesellt –
die Lösung war nicht schlecht
und kam so manchem recht,
so mancher hat beim Fahrenmüssen
gleich nebenan ins Gras gebissen,
er war, als er dran teilgenommen,
dabei auf den Geschmack gekommen,
wie wunderbar, wenn er noch Vegetarier war,
man merkt doch gleich:
der Mann versteht etwas vom Himmelreich,
mit froh verklärter Miene
begibt er sich zuletzt ins Grüne,
der letzte Schritt ist sehr beliebt,
wenn er schon vorher eingeübt,
so wird man denn dahingerafft
im letzten Schritte seiner Meisterschaft –
dem Himmel, der gleich nebendran,
kam grade recht der gute Mann,
er fand mit viel Verständnis
für diesen gleich Verwendnis:
man sieht jetzt beim Vorübergehn
den Mann an seiner Straße stehn,
wo er als Werbeexemplar in Grün bei seiner Sache war,
nur ward er, was nicht allzu schön,
von manchem Fahr-Gast übersehn –
der kluge Mann fängt zeitig mit dem Üben an,
im grünen Resonanzgebaren
kann man dann frohgemut gen Himmel fahren,
letztendlich leuchtet uns nun ein:
im Grünen ist ein Grüner nicht allein.

Die Meisterschaft

Ein Fuchs, der seinen Teufel fand,
ward bald als Teufelswild bekannt,
es zeigt uns das Bekennertum
stets den besondren Werderuhm –
seit diesem Teufelstanze
erkennt man unsern Fuchs nun schon am Schwanze,
der stolz geschwellt auch unserm Fuchs gefällt –
man ist sehr gern auf Reisen,
hat man dabei was vorzuweisen,
denn die Bewund'rung zeigt,
ob man dem Fuchse zugeneigt –
so ward im ganzen Land
der Fuchs als Meister bald erkannt,
und manche dumme Gans
erfuhr den Meister nun beim Tanz –
wen wundert es beim Tänzchen
mit einem solchen Schwänzchen –
dem Fuchs ging nun der Ruf voraus,
dass er ein ganz famoses Haus,
auch in die höhern Kreise
lud man ihn zum Beweise,
manch schön geformter Mund
im Staunen offen stund,
weil man es stets erheblich findet,
wenn einer sich dem Worte überwindet –
wie wirkt man doch galant,
wenn man vorher zum Teufel fand,
der kennt sich bestens aus
mit Anerkennung und Applaus.

Größe

Es sitzt so mancher Musensohn
auf einem selbst erbauten Thron,
wo er mit Fleiß um seine eigne Größe weiß –
aus diesem Ganzen war zu schließen,
dass eine Welt ihm lag zu Füßen,
und nun, mit huldvoll dargebotner Geste,
wünscht er dem nied'ren Volk das Beste,
denn schließlich hat man ja Verständnis
für solche untere Verwendnis –
nur bei besonders hübschen Mägdelein
wollt' unser Meister etwas kleiner sein,
weil man sich gern verwendlich macht
bei diesen, wenn sie dargebracht –
was an dem Musensohn vergänglich,
ist auch für Irdisches empfänglich,
für einen, der mit Kunst verkehrt,
ist oft die Damenwelt erwähnenswert –
doch hat er sein Vergehn sehr balde eingesehn,
nun sitzt er wieder ganz verzückt,
der Welt und auch sich selbst entrückt,
nur ein Erinnern ist noch wach
in einem hingehauchten Ach.

Versteckspiel

Es litt einst ein Sympathikus
an einem grad erworb'nen Hexenschuss,
der Schuss, weil er schon ausgerichtet,
war sich zu diesem Ziel verpflichtet –
das Ziel, das sich sonst für sympathisch hielt,
ward dadurch etwas abgekühlt,
nicht alles, was man hier gewinnt,
ist einem dann auch gut gesinnt,
obwohl man sich die Mühe macht
und freundlich ihm entgegenlacht,
es scheint kein Wunder,
lässt dann solch Freund den Vorhang runter –
mit einem Blick dahinter
belehrt sich mancher Finder,
es lebt ein solches Fundbüro
zufrieden als ein Immerfroh
und zeigt mit froher Miene
sich auf der Weltenbühne –
die Hexe ward alleinig
mit ihrem Spiele sich nun einig
und trieb ihr böses Spiel mit einem Besenstiel.

Der Urlaubsschein

Ein Sponsor, als er sponsern wollte,
wusst' nicht mehr, wem er's machen sollte,
er dachte hin und auch mal her,
wer solches wohl gewesen wär?
nach einer Weile fiel's ihm ein:
es war der eigne Urlaubsschein –
als er nun diesen in der Tasche hatte,
empfahl er sich als Ehegatte
mit diesem längst bekannten Argument:
dass man nur schwerlich sich getrennt –
nun aber wär da dieser Urlaubschein
und man mit solchem nicht ganz allgemein,
und dass man an besondrer Stätte
gern etwas vom Erscheinen hätte,
weil eben diese Mühsal und das Leben
sich zu dem Scheine so ergeben,
und weil letztendlich auch die Pietät
rein menschlich nichts dagegen hätt' –
So nahm die Ehefrau, als Frau von Welt,
die Sache, wie sie vorgestellt,
und gab ihr Einverständnis
zu ihres Mannes Scheinverwendnis,
ganz einfach aus dem Grunde,
der diesem Manne eignen Stunde –
der Mann nahm nun nach diesem Zeignis
sich selber und des Scheins Ereignis
und fuhr in der bekannten Art
dort hin, wo man sich aufbewahrt,
wenn man bescheinigt und verschrieben
sich selber hinterblieben –
nachdem man solches alles eingeleitet,
ist man sich sorgsam zubereitet,
und ist sich selbst, als lang gesuchter Schatz,
ein artgerechter Urlaubsplatz –
ein Engel, ganz in Weiß, kam ihm entgegen

mit flügelreichem Urlaubssegen
und nahm sich diesem guten Mann
in ganz besondrer Weise an –
man sieht, wenn man bescheinigt,
wird man bevorzugt und bereinigt
in eben der besondren Art,
für die man lang schon aufgespart –
letztendlich ward dem Sponsor klar,
dass er mit seinem Schein im Himmel war,
nun tanzt der Gute Ringelreih´n
beflügelt und mit Urlaubsschein.

Härtefall

Ein Holz, dass sich dem Messer neigt,
wird bald figürlich vorgezeigt,
damit es sich in Anbetracht der Klinge
dem Auge nun erblickt vollbringe,
blitz potz, ein übler Klotz zeigt nun ersichtlich klar,
was in ihm noch vorhanden war –
wenn man, was außen dran, entfernt,
hat man geformt sehr viel dazugelernt,
man sieht es einem Klotz nicht an,
was später daraus werden kann,
doch ist das Innen einem nah,
der draußen als ein Meister da,
der sieht denn auch mit Kennerblick,
was unter dieser Hülle chic –
damit er dies erhalten kann,
beschäftigt sich der kluge Mann,
und unter den gekonnten Händen,
die sich geschickt mit Geist verwenden,
entsteht, wie wunderbar,
ein Bild, das immer schon vorhanden war,
herausgeschält durch einen, der mit Meisterschaft vermählt –
so lässt sich mancherlei beweisen

an einem, der als Klotz auf Reisen,
es kommt auf die Begegnung an,
wie viel man von ihm sehen kann,
und inwieweit man nun dazu bereit –
doch birgt denn auch das Schnitzverfahren
insonderheit sehr viel Gefahren
und mancher, der dort vorgedrungen,
ist rein figürlich dann misslungen,
auch oft war man auf einen Ast
von vornherein nicht schon gefasst –
so wird man bald, eh man's bedacht,
zum Härtefall, der sich beschwerlich macht,
und doch bedankt man sich mit Stolz,
dass man recht eigentlich aus gutem Holz,
nur dass da eben dieser Mangel an Erscheinung
vorübergehend andrer Meinung –
doch nun ist da, zum großen Glücke,
nicht jeder gleich geübt im bessern Blicke,
so dass man öfter übersah,
was diesem als Dilemma nah –
man sieht, nicht jeder sieht daran,
was man von einem Stücke halten kann,
doch wenn zur Freude mancher Leute,
sei man geeint mit seinem Heute,
der Mangel, den man übersehn,
ist meistens nicht sehr unbequem,
so sei man's denn zufrieden,
wenn uns der Weg dorthin beschieden.

Rollentausch

Wapiti, der ein Hirsch, ging einstens selber auf die Pirsch,
ein Hirsch, der sich in dieser Art gezeigt,
ist sich besonders zugeneigt –
Der Jägersmann, der brav auf seinem Anstand saß,
dies Tier erstaunt mit seinen Blicken maß,
und wie der Mann im Schreck erschauert,
ward er vom Hirsche aufgelauert,
grad als er seinem Herrgott wollte danken,
geriet sein Standpunkt ihm ins Wanken,
sodass er denn bei diesem Spiel
dem Hirschen vor die Füße fiel –
die Partnerschaft im Rollentausch
verhilft meist zu besondrem Plausch,
jedoch, der Hirsch ging froh und heiter
gemächlich seines Schrittes weiter,
ihm war von vornherein schon klar,
dass diesmal alles anders war –
Der Jäger, weil er sein Gewehr verloren,
hat diesem Falle abgeschworen,
der Hirsch war, als der Mann allein,
nun Gott sei Dank kein wildes Schwein
und hat als edles Tier gewittert,
dass dieser um sein Leben zittert,
und um die Szene zu entspannen,
zog er mit Brunftgeschrei von dannen –
der Jäger hat, da er den Schuss versäumt,
sehr schlecht von diesem Hirsch geträumt,
ein Hirsch, der sich auf seinen Ruf besann,
schlug in die Flucht schon manchen Jägersmann –
so ist es denn nicht einerlei,
in welcher Rolle man bei solchem Spiele sei,
und ob man, wenn darauf versessen,
dabei noch sein Gewehr vergessen.

---

circa

Ein Circa fand es einstmals wichtig,
dass man als Maßangabe tüchtig –
obwohl dabei nicht sehr genau,
man ihm doch ins Gewerbe schau:
„So circa ein bis zwei im Stück",
las man sehr oft als sein Empfehlungsglück,
man fand es sehr empfehlenswert,
dass man nicht so genau verkehrt –
ein Kunde, dem das oft geschah,
war kritisch dieser Sache nah,
ihm lag als Kunde sehr daran,
dass man genau sich informieren kann,
informativ, wenn man sich drauf berief,
hat mancher es doch gern genauer,
wenn informiert auf lange Dauer –
Ein Ort, der etwas weiter weg,
erhielt ein Schild zu eben diesem Zweck,
man las von ‚circa drei' als Kilometer,
kam man als Wandrer oder jeder,
und während man fürbass so schritt,
ging dieses Circa uns im Kopfe mit
und war ein echter Lastverkehr
bei einem Geher nebenher –
die Pünktlichkeit, die sonst den Menschen ziert,
ward hier auf einem Weg verführt,
so kam denn unser Wandersmann
nicht grade pünktlich bei dem Orte an,
auf seinem Teller war das Essen schon veraltet,
man sprach davon, dass es schon längst erkaltet –
am Tische, dieses Mienenspiel,
verriet dem Wandrer doch recht viel,
und als Erklärung gab er denn bekannt,
dass auf dem Schilde einst ein Circa stand,
und murrend, als Beschwerde tüchtig,
nahm man im Munde dieses Circa wichtig,
und schrieb nun auch an die Regierung

zwecks einer Circa-Wegverführung –
drei Tage, circa, man als Sitzung saß
und dabei fast die Zeit vergaß,
dann wurde ein Beschluss gefasst,
dem Circa auferlegt als Last,
wo man bekannt gab, wie es sei
mit diesem Wort als Konterfei –
wort-wörtlich war jetzt nachzulesen,
dass man dabei human gewesen,
es stand hier nämlich aufgeschrieben,
dass man letztendlich *so* verblieben:
dass überall, auf allen Wegen,
an diesem Worte nicht mehr viel gelegen,
doch um es weiterhin im Wortschatz zu verwalten,
bleibt es Regierungskreisen vorbehalten,
hier setzt man es erklärend ein,
ob im Besondren oder allgemein –
man sieht, ein Wörtchen bleibt sehr lang verwendlich,
sei es auch noch so unerkenntlich,
trifft man sich wieder in besondren Kreisen,
fällt es sehr leicht, sich zu beweisen,
ein rechtes Wort am rechten Ort
nährt seinen Mann in einem fort –
in circa ein, zwei, drei, vier Tagen,
wär's lohnenswert, dort mal zu fragen,
ein Wort, das man in diesen Kreisen liebt,
sich dann auch noch als Antwort übt,
und man erkennt darin perfekt,
was hinter diesem Worte steckt.

Stell-Platz

Es ist zufriedenstellend, ist man mit seiner Stell' zufrieden,
man hätte diese ganz umsonst gemieden,
denn die ist unbestreitbar auf keinen Fall vermeidbar –
die Welt als Feld, wo man sich hingestellt,
schon manchem ist der Sprung misslungen,
hat er den Stellplatz übersprungen,
bösartig wär' das eine Art,
wie man sie sich nicht aufgespart –
die Sparsamkeit hält andre Stellen uns bereit,
denn unbestreitbar stellt man fest:
man ist das Gute, wenn man es nicht lässt –
der Stellplatz, wenn als Platz an seiner Stelle,
ist etwas, dem man sich hinzugeselle,
es wär' verfehlt, hätt' man sich anderswo gequält –
„Wer's glaubt, wird selig", sprach Herr Allmählich,
(er stand als Stellensuche in fern'rer Zeit zu Buche)
„Kommt Zeit, kommt Rat", sprach er zu dieser Tat,
so blieb bis jetzt die Stelle unbesetzt –
es wird seit längrem eingeleitet,
wo man hier seinen Platz bestreitet,
man kann sich solche Sachen
nicht eben streitig machen –
so nehm' man seinen Stellplatz ein,
sollt' der als Platz an seiner Stelle sein,
der Punkt, an den man hingestellt,
erhält als Standpunkt uns're Welt,
dem Rundblick sei gestattet,
dass er am Blick-Rund nicht ermattet.

Das Wissen-Müssen

Herr Lehrer war sein eigener Verehrer,
damit er sich vor seiner Klasse ein Herze fasse,
gereicht sich doch solch Stehvermögen
einem Lehrer bald zum Segen –
es lag ihm also dran, dass ihm an sich was lag
in dieser schweren Stunde,
an diesem schicksalsreichen Tag –
nicht immer wird, was einer lehrt,
von andern auch verehrt,
und hat er auch das Müssen-Wissen wissen müssen –
schon immer ging das Immer dazu über
und hatte sich als Langzeit lieber,
gelehrig und als Meinung
in eines Lehrers Schulerscheinung,
damit es lernend als Prozess
sich dabei selber nicht vergess' –
doch bringt es öfter Unbehagen,
sich weiter und in dieser Form zu sagen,
manch Wort, wenn man von diesem hörte,
den Ablauf einer Stunde störte –
die Zeit ist uns nicht einerlei,
wenn etwas durch sie immer sei,
schon mancher, der sich zeitlich aufgelauert,
vor sich in dieser Form erschauert,
obwohl schon immer sterbensbang,
wird ihm doch solcher Zeit-Lauf lang –
nie als sein Sterbenkönnen in ein Können sterben?
nie sich dem Ewigen als Zeiten-Lauf vererben,
dem Alten, ewig Neuen,
in andrer Form sich zu betreuen? –
Ein Lehrer sei der Zeit entrückt,
damit ihm diese Lehre glückt,
denn diese steht noch aus
in einem zeitentreuen Haus.

effektiv

Man hat sich als Effekt meist in sich selbst entdeckt,
wohlwollend zeigt der Mann, was er hier von sich halten kann,
und auch die Frau kennt dieses Spiel genau –
Genauigkeit hält stets die Frau mit sich bereit,
sie eben zeigt sich als Effekt, was in ihr selber steckt,
ureigenst ist sie als Gebräu sich ewig neu
und auf Bewährung geht sie in Gärung –
gegoren sich verschworen geht man sich nie verloren,
ein Inkubant sei diesem Vorgang stets verwandt –
der Vorsatz ist nicht neu, dass Reinlichkeit sich selber treu,
denn treulich ist man sich erfreulich, weil von neulich,
stets hat die glänzende Erscheinung sich selbst als beste Meinung –
begrifflich, wenn man um sich angehalten,
wird man sich handlich zum Gestalten,
frisch aufpoliert das Wort sich stets im Munde führt,
wenn es auch, wie so wunderbar, im Kern schon etwas älter war –
ein Wort, das variiert, sich effektiv gebiert,
ein Glanzpunkt, nimmt er sich als Ort, verrät uns dies aufs Wort,
wie wunderbar, wenn effektiv vom Wort die Rede war.

---

hündisch

Damit er sich darein verliere,
verstreckte er nun alle Viere,
der Hund, zu der gegebnen Stund',
nur noch der Schwanz, als Fünfter der Gelegenheit,
war nicht zu eben diesem Schritt bereit,
er stand derweil emporgereckt,
als diese Vier sich ausgestreckt,
noch ganz im Zeichen der vergangnen Stunde
gedachte er der großen Zeit an diesem Hunde –
wie war er steil emporgestellt
beim Tanz in dieser Hundewelt,
und jeder, der ihn stehen sah,

war blickverträumt dem Schwanze nah –
Nun lag der Hund erschöpft und weggelegt,
vergessend, was sich noch im Schwanze regt –
der Schwanz, als Glanzstück seiner eignen Leistung,
erhobnen Tanzes, war noch voll Erdreistung –
man sieht es einem Schwanze an,
ob er noch etwas von sich halten kann,
so aufgeführt, und schaugespielt auch von sich selbst gerührt –
Der Schwanz, gefühlvoll von sich selbst befrachtet,
bleibt denn in dieser Stellung auch nicht unbeachtet,
so wahrlich – und so heiter offenbarlich –
vor allem diese Weiblichkeit
lag urteilsmächtig mit sich selbst im Streit,
und manches Urteil sprach denn fachgerecht,
dass solcher Aufstand eigentlich nicht schlecht,
vor allem bei den Hundedamen,
die dem Ereignis näher kamen –
man hat, man ist, man will, man kann,
wenn man sich solchem Spiel entsann –
Ein Teufel, der grad in der Gegend war,
fand diese Meinung wunderbar,
als Schwanzbesitzer von sich eingenommen,
war er verwandt hinzugekommen,
der Schwanz in seiner Ungeduld,
geriet dem Teufel in die Teufelshuld,
der nun galant und seines Wesens reich,
nahm die Gelegenheit beim Schopf sogleich
und hat den armen Hund erschreckt
aus seinem Schlafe aufgeweckt –
der kam nun hündisch gleich zu der Erfahrung,
dass in des Schlafes Trostverwahrung
man stets der Gliedgeschenke
in rechtem Maße auch dabei gedenke.

Das Überall

Herr Niebergall versah sich einst mit einem Überall –
dies nun als Segen war nicht so leicht zu widerlegen,
so dass er, weil's ein edler Gast,
sich lauterdings damit befasst –
wie ist man doch erreicht,
wenn man sich überall damit vergleicht,
so eingeglichen – hingewichen –
man sah's dem Überall gleich an,
dass sich Herr Niebergall das leisten kann,
vor allem bei den Damen
und namentlich mit solchem Namen –
so reiste er denn wohlgebügelt
mit Briefen, die gekonnt versiegelt,
als Hierophante und beweisbar durch die Lande –
das Volk, das ihn bewundernd eingekreist,
sich ihm mit seiner Lust beweist,
es ist doch sehr verstandeseigen,
sich so in dieser Welt zu zeigen,
in dieser Vormachtstellung
und solcher Selbstgesellung,
und außerdem gereicht es sich zum Segen,
sich vorgezeigt im Volk zu pflegen,
so heiß umjubelt und so ungedoubelt –
wie traulich ist es im Verein,
wenn man gesellig nicht allein,
auch nächtlich sah man unsern Braven
beseelt und friedlich eingeschlafen,
wie zeigt uns doch sein Mienenspiel
des Traumes Nachgefühl –
was wär des Bettes Pflegestätte,
wenn sie Herrn Überall nicht hätte.

Der Gast von neulich

Herr Neulich war sich sehr erfreulich,
weil eben der von neulich,
erst kürzlich war er angekommen,
und ward als solcher ernst genommen –
da man ihn nun mal hatte,
stand er auch zur Debatte,
er war bereits in aller Munde
als Redewendung und als Runde,
und wie man sonst stets übers Wetter redet,
war er's als einer, der sich grad verspätet –
wie wunderbar,
dass er auch namentlich etwas Besondres war,
wer heißt schon so, wie er geheißen,
um sich als Name anzupreisen?
(„Herr Müller" fand man ganz natürlich,
obwohl der sicherlich doch recht ausführlich) –
Jedoch der Ruf ist weit ins Land gedrungen,
hat man sich noch als *Lied* gesungen,
und wenn der Vogel federlich geputzt,
hat man von vornherein dann schon gestutzt,
ist er recht bunt insonderheit,
ist man rein wörtlich zum Diskurs bereit,
die Fachwelt fühlt sich irgendwie verpflichtet,
dass man von solchem Kleid berichtet,
auch wissenschaftlich war man int'ressiert,
dass dieser Mann sich vorgeführt –
gewählt hat man sich ausgedrückt,
weil man sehr von sich selbst beglückt,
mit ernstbetonten Kennermienen,
besprach man die Erscheinung, weil erschienen –
Doch unser Freund hat sich verstohlen
als Gegenwart sehr bald empfohlen,
und weil der Ort mit einem Weg versehn,
war er befleißigt als Vondannengehn –
Nun auch, da er so schnell entschwunden,
hat man verbal etwas dazuerfunden,

meist wird ein schnell entfernter Gast
als ein Geheimnis aufgefasst
und als ein jähes Ende
verbrieft und wörtlich zur Legende –
(sogar ein Spatz, der sonst sehr gräulich,
besang noch diesen Herrn von neulich,
obwohl als Melodie nicht gut getroffen,
lässt der Versuch doch manches hoffen,
was sehr getreulich und letztendlich auch erfreulich.)

Das Abgelegte

Ein Ach ward abgelegt in einem Handschuhfach,
die Fachwelt sieht es gerne,
dass man sich nicht zu weit entferne,
die Hand, die schuhlich leichter greifbar ist,
ein Ach so fachlich besser misst,
man wird begrifflich gut gepflegt,
wenn handlich fachlich dargelegt,
so auch das Ach, als Ding vom Fach,
mit dem ich kürzlich erst darüber sprach –
bespricht man so ein Ach als Lage,
tritt mancherlei dabei zutage,
auch nächtlich ist man oft ereignisreich und sehr beträchtlich,
beträchtlich trachtet die Betrachtung
als Sache stets nach mehr Beachtung,
vornehmlich, weil man daran sieht,
was augenblicklich noch dabei geschieht –
an einem kühlen Tage
kam unser Ach mal in die Lage,
dass man die Lade ungelogen
mit ihm hervorgezogen,
und überrascht ward jetzt entdeckt,
was man vor Zeiten weggesteckt –
als unser Ach nun an die Luft gekommen,
hat man es seufzend laut vernommen,

auch wenn man solch ein Ach vergaß,
gehört es doch zu dem, was man besaß.

Berufung

Genau genommen ist man stets vollkommen,
wenn auch der Schein dagegen spricht,
man kennt sich länger schon als seine Pflicht,
doch möcht' man gern mal etwas andres sein,
weil lange schon in dieser Form allein –
damit daraus was werde, betritt man diese Erde,
gut bürgerlich und kalkuliert wird man auf dieser eingeführt,
zuerst noch etwas unbewusst
und recht verfänglich an der Mutterbrust,
dieweil hier Milch und Honig fließen,
will man denn auch die Welt begrüßen,
und zeigt nun laut mit viel Geschrei,
dass man hier gegenwärtig sei –
man saugt, weil Säugling man geheißen,
es gibt Gelegenheit, das zu beweisen,
schon früh bezeugt man pflichtgetreu,
dass man in dieser Form recht neu,
und wenn man dann zum Worte fand,
man das der Welt auch oft gestand,
denn diese zeigt sich sehr belehrt,
wenn sie dem Redner zugehört,
rein instinktiv man sich darauf berief,
ist man doch sehr berufen,
sich stimmlich dabei einzustufen –
Bewund'rung, wenn sie angeregt,
sich gerne auch am Staunen pflegt,
ein gut geübter Redefluss
hält diese Fähigkeit denn auch in Schuss,
und stets ist des Bestaunens wert,
was redlich mit dem Wort verkehrt –
gut steht es einem zu Gesicht,

was man sich von der Welt ver-spricht,
man wird verbal als Mund vollendet,
wenn dieser sich der Welt gespendet,
bis später dann die Kraft verflossen
und man genügend davon weggegossen,
und man am Grabe davon spricht,
wie doch des Wortes heil'ge Pflicht
das Leben dieses Mann's belehrte,
der damit seine Welt beehrte
und nun am Ende, man beachte,
sich weggelegt zum Schweigen brachte,
und seine treue Horchgemeinde
versammelt diesen Mann beweinte,
der nun auf seines Wortes Spur
in dieser Art gen Himmel fuhr,
wo er gut ausgeleert
und friedevoll nur noch sich selbst gehört,
getreu der eignen Meinung,
dass man ein Wunder einst als irdische Erscheinung.

Das Treffen

Die Liebe und die Tüte bezahlten keine Miete,
wie doch so etwas geht, wenn man sich drauf versteht –
in heil'ger Allianz begegneten sie sich beim Tanz,
ein Paar – so ungleich, wie noch keines war,
die Liebe lud die Tüte ein,
ein wenig doch ihr Gast zu sein –
die Tüte und als Gast – man war nicht drauf gefasst,
jedoch, man war wohl als Behälter schon etwas älter
und gab sich deshalb eingeladen,
um sich aus Anstand nicht zu schaden –
die Liebe, als die weit gereiste kluge Dame,
ehrwürdig wie ihr alter Name,
stand schon bereit mit bunt gedecktem Tische,
lebendig und unsterblich in der ihr angeborenen Frische –

soweit man das als Tüte kann,
klopft diese balde bei ihr an
und ward denn auch, unmerklich als Verspäten,
recht höflich nun hereingebeten –
gekonnt und angedeutet als Verbeugung,
erwies man seine Zuneigung,
die Liebe, um sich selbst zu pflegen,
streckt dieser ihre Hand entgegen,
recht huldvoll angenommen
von unsrer Tüte als Entgegenkommen,
und um sich an sich selbst zu freun,
nahm man als Gegenüber nun die Plätze ein,
die Tüte zeigte sich gerührt,
weil solchermaßen aufgeführt –
man unterhielt sich, weil von Stande,
recht nett vom Onkel und von seiner Tante,
denn meist ist es milieubedingt,
dass man thematisch sich so näher bringt –
und als die Tassen ausgetrunken,
hat man sich abschiedsträchtig zugewunken,
die Tüte, sehr verpackungsordinär,
die Liebe, mehr als Hauch von einem Nebenher –
doch wie so oft bei braven Leuten,
empfing man gegenseitig seine Freuden,
und man empfand noch lange die Begegnung
als die besondre Art von einer Segnung.

Die Ankunft

Frau Holle war der Kosename einer ält′ren Dame,
wie wunderbar – man wusst′ da stets, woran man mit ihr war:
die Betten, wenn sie aufgeschüttelt,
wurden durch sie wachgerüttelt,
ein Wirbel kam in Flocken sehr
und weit gereist vom Himmel her,
darüber stand ein Name als der von einer ält′ren Dame,
sehr resolut als eine, die es selber tut –
Doch einmal kam ein Mägdelein,
so zierlich gliedrig und so fein,
das trat in ihre Dienste ein,
so zierlich klein, ein Mägdelein,
und weil es stets sehr fleißig war,
beschenkte man es wunderbar:
als es dereinst nach Hause wollt′,
ward es bedacht mit reinem Gold –
So also war uns die Geschichte nah,
wenn man sie aufgeschrieben liegen sah,
lang schon bekannt und märchenhaft verwandt –
der Sprung, den man in einen Brunnen wagt,
hat viel darüber ausgesagt,
doch wer hat schon den Mut,
dass man es einmal wieder tut?
wer möchte als Ertrinken
begründet der Frau Holle winken? –
Ein Wandrer, der am Brunnen stand,
sich spiegelbildlich darin wiederfand,
der Sprung, seit langem angesagt,
hielt sich als solcher doch für sehr gewagt,
und unsern Wandrer zog der Wandersinn
sehr motiviert zum Wandern hin,
sehr ist ihm irdisch überkommen,
was er von diesem Weg vernommen,
die Sicherheit auf Schritt und Tritt
reist meist auf dieser Reise mit –
Lang stand der Wandrer diesem Brunnen vor,

bis dass er sich in diesen Sprung verlor –
die Spieglung einen Wandrer rührt,
fühlt er sich davon angeführt,
und springend ist er hingesunken
in diesen Traum, der ihm zuvor gewunken –
lang war des Wandrers Wanderschaft,
doch jetzt war ihm die Zeit gerafft,
die Ankunft auf dem Brunnengrund
erschloss ihm einen Märchenmund,
und froh gestand er sich denn ein:
das kann doch nur der Himmel sein,
denn hin und wider
sinkt man als Wanderer in einem Brunnen nieder,
nur hat sich mancher schon verplaudert,
wenn er zu lang davor gezaudert.

Interieur

Ein Diamant ward lang verkannt,
dieweil er roh und ungeschliffen,
nicht alles findet außen statt,
was man noch weiter innen hat –
jedoch, es kam ein Schleifer,
versehn mit großem Eifer,
nun wuchsen unserm Steinchen
bald elegante Beinchen,
an einer schönen Dame
macht es für diese jetzt Reklame –
es hat oft weit geführt,
wenn man die äuß're Haut verliert.

Der Nichtsnutz

Ein Strolch verstrolchte einst sein ganzes Leben,
das war es eben: – er war nicht von sich abzuheben,
es kam nicht der Beschluss,
dass er sich von sich trennen muss,
zu sehr er war verwandt
mit seines Lebens Kontostand –
gar mancher war ihm ausgewichen,
wenn er das Land durchstrichen,
rein äußerlich sah er erbärmlich aus,
das weit gereiste alte Haus,
dann plagte ihn mit großer Pein das Zipperlein –
man sieht, es bleibt uns nichts erspart,
wenn man sich solcher Form bewahrt,
die Nächte unter freiem Himmel
und unter seinem Sterngewimmel,
dies alles sich bezahlbar macht,
wenn man sich diesem zugedacht –
so war denn unser Wandersmann
sich nicht mehr richtig zugetan,
denn aus der Körpersicht
wird lästig bald die Wanderpflicht,
und dann der Fußgebrauch
ver-trat sich dieser Meinung auch,
denn es erfordert großen Mut,
wenn man als solcher eingeschuht,
und über einem einer geht,
der sich das nicht recht eingesteht –
so gab es mancherlei Aspekte,
wodurch der Wandrer sich erschreckte,
und er ward endlich delegiert
aus dieser Welt hinweggeführt –
das Sternenzelt als Wunderwelt
uns nun in bess'rer Form gefällt,
weil man darüber und nicht drunter wandelt,
rein stofflich von sich ab-gehandelt –
nichts weiter hat man hier nun vorzuweisen,

als dass man irdisch läng're Zeit auf Reisen –
der liebe Gott, bekanntlich als ein kluger Mann,
hört sich des Wandrers Rede an,
der als ein Nichtsnutz vor ihm steht
und angstgeblickt mit seinen Augen fleht,
er spricht jovial und mit Geschick
ein langes Wort zu diesem Wandrerglück,
weil auch ein Gott sich zugesteht,
dass er bebeint durchs Leben geht –
so ward der Wandrer denn, was kaum zu fassen,
begünstigt in ein Engelreich entlassen,
und weil geübt im Flügelschritt,
singt er nun dort im Chore mit –
wer irdisch schon mit Flügeln übt,
wird später dann von seinem Gott geliebt,
wer ist nicht seinen Flügeln nah,
wenn er des Nachts die Sterne sah,
und wenn er, schrittbeflügelt,
die Tür zum Himmel aufgeriegelt? –
ein Gott, wenn er sich wahr bemisst,
für solcherlei empfänglich ist –
rein aus Int'resse man die Geschichte nicht vergesse
und, Gott bewahre, am eignen Leib erfahre.

---

katalogisiert

Er hatte sich im Katalog bestellt
als die besondre Wunderwelt,
mit Preis und allen andern Gaben
ist man in diesem Buch zu haben –
man schreibt recht flott mal an den lieben Gott,
worauf dann dieser als Bestandsaufnahme,
und nebenbei noch mit Reklame,
den Auftrag prompt erfüllt
und somit unser Wünschen stillt –
wir werden also katalogisiert
von ihm in einem Buch geführt,
und man bekommt sich zu Gesicht
als eigner Konfektionsbericht –
damit auch alles stimmt,
man abgebildet sich vernimmt,
wie schön, steht man im Bildbereich
sich zur Verfügung und als Preisvergleich,
so dass man stets bezahlt
als der, den man sich ausgemalt –
kommt dann die Sendung uns ins Haus geflattert,
schaut man recht oft auch mal verdattert,
doch hat noch keiner, der sich recht geglückt,
die Sendung dann zurückgeschickt –
man hat sich stets an dem gelabt,
den man so mit sich vorgehabt –
so ist man als Erleben
ein Leben lang sich Preis-gegeben,
und man beachtet auch mit Fleiß,
dass jeder um die Dinge weiß,
die man bestellt und voller Stolz
dann vorweist als das eigne Holz,
denn jeder meint, der sich besitzt,
er wär sehr unikat geschnitzt,
so dass er unverwechselbar
allein sich selbst der Nächste war –
und auf ein Wort – wer meint das nicht als der besondre Ort?

wer stellt sich nicht als wunderbar
in seiner vollen Größe dar?
wer ist nicht von sich eingenommen,
wenn sich als Medizin willkommen?
wer stellt nicht gern in Pose
die von ihm mitbestellte Hose
und mit Getue die von ihm angezognen Schuhe? –
man sieht, man hat was vorzuweisen,
wenn man bestellt auf seiner Reisen,
man hat es sich was kosten lassen,
sich als ein solcher aufzufassen,
denn schließlich wird man vorgestellt
als Gruß aus einer Wunderwelt,
und hat auf Ehre und Gewissen
aus dem Versandhaus kommen müssen,
sorgsam herausgewählt und dann der Welt hinzugezählt,
damit letztendlich alles stimmt,
wenn man den Schlussakkord vernimmt,
und wenn man, etwas abgetragen,
dann doch noch als ein Dankesagen
die Reifeprüfung überstand,
und glücklich rückversandt
sich endlich dann noch eingesteht,
wie schnelle doch die Zeit vergeht,
wo man sich vorgestellt als die erwählte Wunderwelt.

Der Kontostand

„Es ist schon angerichtet",
so sprach ein Mensch, der zu sich selbst verpflichtet,
er hatte grad nach vielen Wochen
mal wieder mit sich selbst gesprochen,
und so entstand die Meinung:
er trät' jetzt eben in Erscheinung –
solch eine Hürde, die man innen trägt,
ist es, die einen Auftritt wägt,
man wagt und wägt,
mit wem man sich hier angelegt –
doch zeigt der Kontostand,
mit wem man bestens hier verwandt,
denn man ist angelegt
als einer, der den Punktstand pflegt –
Vermögen, das man selber hat,
vertritt man hier an seiner Statt,
geheime Nummern sind gegeben,
etwas und davon abzuheben,
denn Gott sei Dank,
man ist sich selbst die eigne Bank –
die Bank und ihre Angestellten
vertreten unsre inn'ren Welten,
befugt berechtigt als das Personal
von einem Anno dazumal,
man ist auf jeden Fall hier angeraten,
sich selber einmal vorzuladen –
am Schalter, den man eingeschaltet,
steht die Person, die uns verwaltet,
und auf die Frage nach dem Kontostand,
ist sie rein fachlich gleich zur Hand,
man ist nicht um das Wort verlegen,
gereicht man sich damit zum Segen,
so führt man denn auch sachlich aus,
dass fachlich man im eignen Haus,
und so entsteht bald wunschgetreu
die Frage, wer man selber sei –

das Personal hört sich die Frage an,
weil es davon was hören kann,
und spricht in gut geübter Schalterweise
vom Anfang einer Studienreise,
dass man als Kontostand sich selbst gebührt,
weil man als solcher angeführt,
und dass mit dem, was man jetzt angelegt,
man spät're Zeiten pflegt –
auskünftig blickt man nun gekonnt und sehr vernünftig ,
bedankt sich wissend auf bekannte Weise
und setzt sie fort, die Lebensreise.

---

geheilt

Es war einst einer sehr verwirrt,
weil er sich in sich selbst geirrt,
was er auch einem eingestand,
der nachbarlich mit ihm verwandt –
der nun war sehr gelehrt,
weshalb er auch mit dem verkehrt,
denkt einer von dem andern richtig,
beweist er sich sehr bald als tüchtig,
so auch der kluge Nachbarsmann,
den man gekonnt dazugewann –
speziell dem Irrtum war der zugetan,
weil dieser neu und nebenan,
ein wenig man auch triumphiert,
wenn sich der andre in sich selbst verliert,
weckt doch die Schadenfreude
den Urinstinkt der andern Leute,
und wer ist nicht, wenn neben dran,
ein nachbarlicher andrer Mann? –
die Klage trat denn auch zurecht zutage
in dieser notgedrungnen Schmerzenslage,
und unser lieber Freund
war jetzt von innen her ganz aufgeräumt:

Wie denn so etwas grade ihm geschähe
in der ergreifend nahen Nähe,
ging man doch meist sehr zaghaft vor,
wenn man sich in sich selbst verlor,
nie nahm der unerlaubte Schritt
sehr viel von den Gedanken mit,
damit man, wenn dort hin be-ortert,
sich innerhalb nicht überfordert,
gern trat man aus sich selber raus
und über seinen Rand hinaus,
dort war man sicher und zu Haus,
wenn man gesonnt sich im Applaus,
vom Innen war man weggeschreckt,
weil dieses redlich zugedeckt,
wer legt schon gerne als ein Mann
vom Innen her sich mit sich selber an?
und auch die Frau ahnt die Gefahr an sich wohl sehr genau –
nun aber war es doch geschehn,
weil irgendwie man dafür vorgesehn,
vielleicht aus Neugier, wie so oft,
wenn man auf das Besondre hofft,
doch zahlt sich das nicht aus,
wenn man sehr unbekannt im eignen Haus –
man nähert sich dem Unbekannten,
das immer und verdrängt vorhanden,
doch schien daran sehr positiv,
dass nachbarlich man sich darauf berief –
der Nachbar, psychologisch aufgeklärt,
fand sich sehr therapiebewährt,
und eine Gabe, wenn man sie besitzt,
erfährt man gerne, wenn sie nützt –
man tat denn auch sehr überlegen,
mit diesem dargelegten Segen,
und sprach berührt zu diesem Nachbarsmann:
„Mein Lieber, wenn ich mich da recht besann,
auch mir geschah dies unerfreulich,
weil nahe und erst kürzlich neulich,
es war wohl in der Einschlafphase,

ich lag halb weggeträumt im grünen Grase,
da war es mir, als hört ich Glockenläuten –
die Frage wurde wach nach dem Bedeuten,
und eine Stimme weiter drinnen sprach:
Mein Sohn, du hörst dich selber allgemach,
was dir jetzt wie ein Irrtum klingt,
ist deine Stimme, dich sich selbst besingt,
dein Ohr, will's mit der Stimme plauschen,
müsst' öfter dieser Stimme lauschen" –
Der Nachbar, als er die Belehrung hörte,
nun öfter mit sich selbst verkehrte,
oft saß er still und einsam da
und war der innern Stimme nah –
der Psychologe, weil er auch noch Nachbar war,
befand des Mannes Wandlung wunderbar
und hat ihm, weil er sich geglückt,
beifällig dann auch zugenickt.

Lebens-länglich

Es hatte einer, weil vorhanden,
ein Leben lang nur vor Gericht gestanden,
das Urteil, so es hieß,
verstieß ihn lebenslänglich in ein Paradies,
es trat in Kraft bei ihm mit einer Mutterschaft,
gezeugt als Erdenkloß in einem Schoß,
so ganz natürlich und ausführlich,
denn Ausfuhr wird erteilt,
wenn man in einem Schoß verweilt,
in dieser Haft-Anstalt,
als Ritter von der traurigen Gestalt –
doch vorher wächst man erst heran,
soweit man das dort drinnen kann,
und mancherlei wird ausgeschildet,
was man sich vorher eingebildet
in dieser Enge, haftlänglich im Gedränge –
bis dass man denn ver-schrien,
weil einer Mutterschaft verliehn,
mit einem selbst gezeugten Schrei bekannt gab,
dass man noch am Leben sei –
empfänglich und nun in Empfang genommen,
war man, rein weltlich, angekommen,
ein wenig mehr als nichts, und hochgehalten
in einer Hand durch handliches Gestalten –
der Kopf, der weiter unten hing,
dies wundersame runde Ding
mit aufgeriss'nem Mund, der schreiend offen stund,
er sah die Welt verkehrt vorhanden,
weil selber auf dem Kopf gestanden –
man sieht, um in das Leben zu gelangen,
wird man erst einmal aufgehangen,
und später, wenn genug erregt, dann niederlagig hingelegt –
so wird, wenn man am Leben krankt,
uns zeitig etwas abverlangt
in dieser Positur von einem Ach-wo-bin-ich-nur –
und schicksalsreich beginnt das Leben mit dem ersten Streich:

man kennt sich und man findet statt,
damit man etwas von sich hat,
be-erdigt bei lebend'gem Leibe,
verschafft man so sich eine Bleibe,
so will's die Welt,
so will man's selbst, damit man ihr und sich gefällt –
rein stationär hat man Station gemacht,
wenn man in dieser Form gedacht,
ein bisschen Zauberei war auch dabei,
damit man auch ver-wundert sei
und brav bezahlt für das, was man sich ausgemalt –
weil man sich zugetragen,
liegt man die erste Zeit in einem Wagen,
bis man auf eignen Beinen steht,
da diese Zeit vergeht –
auf Schritt und Tritt
geht nun das Urteil mit
und man schaut bänglich
auf dieses Lebens-länglich –
doch irgendwie wird es geschafft
aus eigner und mit fremder Kraft,
und man erscheint mit viel Gehabe
vor seinem aufgetanen Grabe
und kann es kaum erfassen,
dass man nun haftentlassen –
auch um das Ganze festlich zu gestalten,
hat man noch eine Rede dann gehalten,
wo einer denn auch allgemach
in diesem Schlusswort sprach,
dass alles hier vergänglich,
sogar ein Lebenslänglich.

Epilog

Die Leere des Bechers erfuhr an der Fülle,
wer ihn austrank.

Inhaltsverzeichnis

Seite
1 TITEL
2 LEER
3 WIDMUNG
4 LEER
5 PROLOG
6 LEER
7 ERMUNDERND
8 WERK-KUNST
10 FLIEGENTRAUM
11 KURMÄSTLICH
12 HERR TUGENDSAM
14 TEUFELSBRAUT
15 KUCHENGLÜCK
17 DIE LETZTE FRAGE
18 MAL EHRLICH
19 NACH HÖHEREN GESETZEN
20 ENTRÜSTET
21 TRÖSTERLICH
22 DER NÖRGLER
23 FÖRMLICH
24 DIE LETZTE DREHUNG
25 DIE ROLLE
26 DER GARTENPFAHL
28 FAST
29 ABBILD
31 DER APFELBAUM
32 DAS RIFF
34 POTENTIELL
35 DER REST IST SCHWEIGEN
36 STILLBEGLÜCKT
37 NACHBARLICH
39 OBJEKTIVIERT
41 SCHLÜSSELFRAGE
42 DAS FIEBER

44 DAS NUDEL-GERICHT
45 DER WUNSCHTRAUM
47 DER ZEUGE, AUSDRÜCKLICH
48 DIE PRÄGUNG
49 DER NUTZEFFEKT
50 DER CHORLEITER
52 KINDERGLÜCK
53 MARKTANTEIL
54 AUSGEGOREN
55 IN WOCHEN
56 DER SCHATTEN
57 SAMMELBEGRIFFE
58 DER LERN-PROZESS
59 UNVERMUTET
60 SPIEL-TECHNISCH
61 DETAILGETREU
62 MORGENLAND
63 DIE TÄUSCHUNG
65 ALLGEMEIN
66 ANALYTISCH
67 FRESSVERGNÜGEN
68 ENT-MANNT
69 DIE SÜSSE
70 DAS LEIB-GERICHT
71 HERZENSLIED
72 GESCHMEICHELT
72 DRUM & DRAN
73 IN POLITUR
74 DAS GEBOT
75 OPFERGANG
76 FRAU TRUDE, BEIFÄLLIG
77 ERGRIMMT
78 ALTBEWÄHRT
79 EIN SCHWEINELEBEN
81 DER GRENZSTEIN
82 DIE BUHLE
83 SCHAUERLICH
84 DAS RECHTE LOS

86 BLICK-VEHIKEL
88 HORIZONTAL
89 SICH ZUGESTANDEN
90 DER SCHMERZENSMANN
91 FLÜGELKUNDE
92 STELLENGESUCH
94 REGIE
95 SPLITTER: DER SIEG, DER SPASS
96 SICH SELBST, UREIGENS, DERSELBE
97 VERERBUNG, GETREU, MIT BEDACHT
98 ZWECK-MÄßIG, DER GEWINN, MIT VORSICHT
99 MIT NACHSICHT, GLÄSERN
100 DER GAST
102 GESETZT DEN FALL, HINZUGELADEN
103 ZUGPUNKT
104 WEITLÄUFIG
105 VOR-GABE
105 VON FALL ZU FALL
107 AUF DAUER
108 SICH SELBST ERLEGEN
109 DIE AUSEINANDER-SETZUNG
110 ZEITLICH
111 DER HERING
112 WACHSTUMSRATE
113 DIE LAUFBAHN
114 DER HELFER
115 AM LETZTEN ORT
116 WÄSSRIG
117 VERKITSCHT
118 EIN AMT IN WUNDERN
119 VERFRÜHT
120 LECKEREI
121 VOLLENDEN, VERLIEBTE WORTE
122 X-BELIEBIG
123 DIE SCHLANGE
124 DER IMPULS
126 PÜNKTLICH
127 POSTUM

128 HUNDS-GEMEIN
129 GEEINT
130 DER SPRUNG
131 DIE BEGEGNUNG
132 DER SCHAUER
133 DEMASKIERUNG
134 DAS ALTE GRAB
135 DER WÄSCHEPFAHL
136 SYMBIOSE
137 DER STERN
138 DIE ÜBUNG
140 DAS LEID AM LIED
141 ZUM OSTERFEST
142 LEIERMANN
143 RANDERSCHEINUNG
144 DIE MEISTERSCHAFT
145 GRÖSSE
146 VERSTECKSPIEL
147 DER URLAUBSCHEIN
148 HÄRTEFALL
150 ROLLENTAUSCH
151 CIRCA
153 STELL-PLATZ
154 DAS WISSEN-MÜSSEN
155 EFFEKTIV, HÜNDISCH
157 DAS ÜBERALL
158 DER GAST VON NEULICH
159 DAS ABGELEGTE
160 BERUFUNG
161 DAS TREFFEN
163 DIE ANKUNFT
164 INTERIEUR
165 DER NICHTSNUTZ
167 KATALOGISIERT
169 DER KONTOSTAND
170 GEHEILT
173 LEBENSLÄNGLICH
175 EPILOG – 176 INHALT